KB186744

중국이
파산하는 날

| 앞으로 3년, 한계에 달한 국가 부채가 터진다 |

김규환 지음

책들의정원

중국발 세계 경제위기를
대비하라

'팍스 시니카Pax Sinica(중국 주도의 세계 질서) 시대'가 도래할 것이라는 전
망이 잇따르고 있다. 중국이 코로나19 사태의 선제적 방역에 성공하면
서 미국을 추월하는 시기를 앞당길 것이라는 관측이다. 이런 낙관론은
전 세계를 강타한 코로나19의 진원지인 중국이 정작 코로나19 확산세
를 가장 먼저 통제한 데 이어 경제도 'V자 반등'을 하며 재도약을 시작
하는 시점과 궤를 같이 한다. 코로나19 바이러스COVID-19의 직격탄을
맞은 1분기에 –6.8%로 곤두박질쳤던 중국의 국내총생산GDP 증가율이
2분기 3.2%, 3분기에는 4.9%로 껑충 뛰어올랐다. 반면 중국과 격렬한
패권전쟁을 벌이는 미국과 유럽 등이 코로나19 사태의 충격으로 대혼
란을 맞으며 방역과 경제 모두 실패하는 바람에 중국 경제의 낙관론이

고개를 들고 있는 것이다.

팍스 시니카 시대의 개막은 세계은행 부총재를 지낸 린이푸林毅夫 베이징대 교수가 지난 8월 19일 불을 지폈다. 린 교수는 베이징대 강연을 통해 "2030년이면 중국 경제 규모가 미국을 넘어서고 2050년이면 '팍스 아메리카Pax Americana' 시대가 종말을 맞을 것"이라는 장밋빛 전망을 내놨다. 그는 중국이 41년간 연평균 9.4% 성장했고 앞으로도 한동안 성장 잠재력이 8%대에 이를 것이라며, 중국이 2020년대 5~6%, 2030년대 4~5%, 2040년대 3~4% 성장하면 가능하다고 주장했다. 그러면서 2050년 1인당 소득이 미국의 절반 수준에 이르면 중국 경제 규모가 미국보다 2배나 커져 미국 패권은 종지부를 찍는다고 덧붙였다.

미국 싱크탱크 브루킹스연구소의 호미 카라스Homi Kharas 국제경제 선임연구원도 가세했다. 카라스 연구원은 8월 24일《월스트리트저널wsj》과의 인터뷰에서 "중국 GDP가 예상보다 2년 빠른 2028년에 미국을 앞설 것"이라고 내다봤다. 홍콩상하이은행HSBC 역시 9월 27일 내놓은 보고서를 통해 중국이 앞으로 10년간 세계 경제 성장에 가장 많이 이바지하는 독보적 국가의 지위를 지킬 것이며 중국 GDP는 2030년 26조 달러로 증가하지만 미국의 GDP는 25조 2,000억 달러에 그칠 것이라고 분석했다. 스위스 투자은행 UBS의 왕타오汪濤 중국담당 이코노미스트도 2030년 미국과 중국의 GDP가 각각 26조 6,000억 달러, 26조 8,000억 달러로 중국이 미국을 제칠 것으로 내다봤다.

그러나 이런 중국 낙관론과는 달리 중국 지도부 내에서는 우려의 목소리가 나오고 있다. 시진핑習近平 국가주석은 지난해 9월 21일 베이징의 중앙당교(공산당 최고의 간부 교육기관)에서 열린 '지방과 중앙 핵심 지도자 및 간부 세미나' 개막 연설을 통해 "정치, 이데올로기, 경제, 과학기술, 사회, 외부 환경, 당 건설 모든 면에서 중국은 위험에 직면했다." "우리는 '검은 백조Black Swan' 사건을 고도로 경계하고 '회색 코뿔소' 사건을 철저히 예방해야 한다"고 강조했다. 중국 최고 지도자가 회색 코뿔소의 재앙을 공개적으로 언급한 것은 극히 이례적이다.

'회색 코뿔소'는 충분히 예상할 수 있으면서도 실제 위협하는 단계가 되기 전까지는 제대로 주목받지 못하는 위험을, '검은 백조'는 발생할 확률은 극히 낮지만 일단 나타나면 매우 큰 충격을 주는 위험을 뜻한다. 미셸 부커Michele Wucker 세계정책연구소장이 처음 제기한 중국 회색 코뿔소의 리스크는 ▲그림자 금융 ▲부동산 버블(거품) ▲비금융 제조 기업 부채 ▲지방정부 부채 등 네 가지다. 하나같이 해결하기 버거운 난제들이다. 그렇지만 한 가지 더 추가해야 할 듯하다. 바로 정치적 리스크로 불리는 '괘씸죄'다. 중국 금융당국이 2020년 11월 3일 사상 최대 기업공개IPO를 진행 중이던 마이그룹의 상장을 돌연 연기시켰다. 상하이증권거래소와 홍콩 증권거래소는 5일로 예정됐던 마이그룹의 상장을 잠정 중단한다고 공고한 것이다. 마이그룹은 상하이 증시와 홍콩 증시에 각각 16억 7,000만 주의 주식을 상장하면서 345억 달러 규모의 자금을 조달할 계획이었다. 지난해 12월 사우디아라비아 국영 석유회사인 아람코가 세웠던 최대 IPO 기록(294억 달러) 경신을 목전에 둔 상황에서 제동이 걸렸다. 마이그룹은 알리바바阿里巴巴그룹의 핀테크 전문 계열사다.

그런데 갑작스러운 마이그룹의 상장 연기 사유가 마윈馬雲 알리바바그룹 창업자 겸 마이그룹의 최대주주가 중국 금융당국의 보수적 정책 기조를 비판한 것과 연관이 있을 것이란 관측이 나오며 2년 전의 일을 떠올리게 한다. 2010년 초반 안방安邦보험과 부동산 개발업체 완다萬達그룹, 하이항海航·HNA그룹, 투자회사 푸싱復星그룹은 중국이 해외기업 인수합병M&A에 열을 올려 '글로벌 M&A 4대천왕'이라고 불렸다. 막대한 자본력을 앞세워 미국 뉴욕 월도프아스토리아 호텔, 독일 도이체방크 등 서구의 유명 부동산과 은행, 기업 지분을 백화점 쇼핑하듯 사들여 세계의 주목을 끌었다.

이들 중 푸싱그룹을 제외한 나머지 세 곳이 2018년 한꺼번에 벼랑 끝으로 내몰려 중국 안팎에서 궁금증을 자아냈다. 중국 당국이 '자본이 과도하게 유출되는 것을 막겠다'며 이들의 '돈줄'을 쥔 결과였다. 당시 혁명 원로들의 자녀그룹인 '태자당太子黨'이 정치세력화를 시도하자 격분한 시진핑 주석이 이들과 관련이 있는 기업들을 때렸다는 소문이 베이징 외교가에 파다했다. 안방보험은 현재 청산 절차를 밟고 있으며, 창업자 우샤오후이吳小暉 전 회장은 경제범죄 혐의로 징역형을 선고받고 복역 중이다. 하이항그룹은 올해 초 하이난성 정부에 매각됐고 완다그룹은 대규모 인력 구조조정과 '미국 1호 부동산'인 시카고 비스타 타워 등 해외자산 지분 매각에 들어갔다.

마이그룹의 상장 연기는 중국 증권감독관리위원회가 앞서 마윈 전 회장과 함께 징셴둥井賢棟 마이그룹 회장, 후샤오밍胡曉明 마이그룹 최고경영자CEO를 '웨탄約談'한 뒤 전격 결정된 것으로 것으로 알려졌다. ('면담'을 뜻하는 웨탄은 중국 정부기관이 기업 관계자들이나 개인을 불러 질책하고 요구사항을 전달하는 것으로 수위가 매우 높은 경고에 해당한다. 기업 경영진과 고소득 연예인이 종종 웨탄의 대상에 오르곤 한다. 중국 드라마 '황제의 딸' 여주인공으로 유명한 자오웨이(趙薇를 비롯해 전 엑소 멤버인 루한鹿晗 과 우이판吳亦凡(크리스), 황샤오밍黃曉明과 그의 아내 안젤라베이비, 장쯔이章子怡 등 톱스타 17명이 2018년 말 웨탄 대상자였던 것으로 알려졌다.)

중국 2위 전자상거래 업체 징둥京東닷컴은 2018년 4월 성경과 기독교 서적을 판매한 문제를 추궁당한 뒤 즉각 당국의 지적 사항을 받아들여 전면적으로 수정했다. 'IT 공룡' 텅쉰騰訊그룹을 비롯한 중국 소셜미디어·정보기술 기업의 경영진은 2015년 7월 온라인상에 반정부적 불온 언행을 제때 삭제하지 않는다는 이유로 웨탄을 가졌고 2018년 12월 일부 유명 연예인은 출연료가 지나치게 많아 상대적 박탈감을 준다는 이유로 웨탄에 불려갔다. 사회주의 국가인 중국에서 이뤄지는 공개적인 '군기 잡기'인 셈이다. 마윈 전 회장이 소환된 직후 마이그룹은 즉각 성명을 내고 "당국과의 회의에서 나온 의견들을 깊이 실천하겠다." "가이드라인 및 관리 감독을 잘 따르며 실물경제에 이바지하도록 하겠다"며 납작 엎드렸지만 중국 당국의 마음을 되돌리기에는 역부족이었다.

웨탄 사건은 마윈 전 회장이 10월 24일 상하이에서 열린 와이탄外灘 금융서밋에서 행한 연설에서 비롯됐다. 그는 "기차역을 관리하는 방식으로 공항을 관리할 수 없듯이 과거와 같은 방식으로 미래를 관리할 순 없다"며 "현재 중국 금융시스템은 건전성이 문제가 아니라, 금융기관들이 제 역할을 하지 않는 기능의 부재가 문제"라고 목소리를 높였다. 중국 금융당국이 안보와 리스크 방지 등 이유를 내세워 지나치게 보수적인 정책을 펼치고 있다고 노골적으로 비판을 한 것이다. 마 전 회장은 이어 "좋은 혁신가들은 감독을 두려워하지 않지만 뒤떨어진 감독을 두려워한다", "가장 큰 위험은 위험을 '제로(0)'로 만들려는 것", "미래의 시합은 혁신의 시합이어야지 감독 당국의 (규제) 기능경연 시합이어서는 안 된다"는 등 수위 높은 발언을 마구 쏟아냈다.

마윈 전 회장은 한발 더 나아가 세계적 은행 건전성 규제시스템인 '바젤'을 '노인클럽'에 비유하며 중국 금융시스템에 적용하기 어렵다는 과감한 주장도 폈다. 전체적으로 기존 금융기관들과는 성격이 다른 마이그룹과 같은 핀테크 업체에 당국이 완화된 규제를 적용해 더 자유롭게 사업을 펼 수 있게 해 달라는 취지였다. 더군다나 왕치산王岐山 국가부주석, 이강易綱 인민은행장 등 금융 관련 최고위급 당국자들이 참석한 웨탄 자리에서 이뤄진 그의 도발적인 발언이 중국 지도부의 '역린逆鱗'을 건드렸을 것이라는 해석이 나온다.

《월스트리트저널》은 "중국에서 마윈은 곧 혁신으로 통한다"며 "최근 중국의 기술 발전을 두고 중국 매체들마저 '마윈의 시대'라고 평가한다"고 전했다. 그런 그가 당국을 향해 비판을 했다는 것은 중국의 자존심에 큰 상처를 입히는 행동이었다는 지적이다. 가뜩이나 마 전 회장은 중국 당국으로부터 주식 시세조종을 통해 태자당에 자금을 대줬다는 의심의 눈초리를 받아왔다. 입지전적 '성공 스토리'로 국내외에서 존경받지만 "괘씸죄에 걸리면 어떤 기업도 무너질 수 있다"는 중국에서 마윈이라고 예외일 리 없다는 분석이 나오는 배경이다.

이런 모습의 중국 경제가 '전설적인 투자자'로 드날렸던 조지 소로스를 사실상 은퇴의 길로 인도했다. 조지 소로스는 2016년 1월 중국 경제의 버블이 머지않아 터질 것이라고 전망했다. '대박'을 노리고 위안화의 공매도에 나섰다. 위안화 공매도는 위안화를 빌려 판 뒤 위안화 값이 떨어지면 위안화를 다시 사서 갚는 것을 말한다. 소로스는 중국 경제 버블이 터져 위안화 가치가 떨어질 수밖에 없다고 확신한 나머지 '올인'했는데 버블은 터지지 않았다. 눈덩이처럼 불어난 부채로 중국 경제가 부도날 수밖에 없다고 판단해 베팅했는데 실패한 것이다.

중국의 총부채 비율은 현재 GDP의 300%를 돌파했다. 2008년에 150% 수준이었다가 불과 10여 년 만에 두 배나 높아졌다. 2008~2009년 '서브프라임 모기지(비우량 주택담보대출)' 사태에 따른 미국발 글로벌 금융위기가 휘몰아칠 때 중국 역시 경제위기를 맞았다. 중국은 위기를 해결하기 위해 무려 4조 위안을 풀었다. 국유기업들에 고속도로와 철도, 공항 등 사회간접자본soc 시설을 건설하도록 지시했다. 이 덕분에 중국은 무난히 극복했다. 다른 나라들은 세금을 걷거나 국가부채로 편입시키는데 중국은 이 천문학적 규모의 돈을 국유기업에 빌려줘 대신 SOC 투자를 하게 한 것이다.

이에 국유기업의 채무는 눈덩이처럼 128% 수준으로 늘어났다. 전체 중국 기업 부채가 GDP의 165%인데 그중 128%가 국유기업들의 것이다. 시장경제 국가에서 민간 기업들이 이 정도의 빚을 지고 있다면 거덜 날 수밖에 없다. 그런데 중국 국유기업들의 빚은 국유은행에 '책임'지고 있다. 중국에도 민간은행이 여럿이지만 자산 규모나 대출 규모로 보면 전부 국유은행이라고 해도 지나친 말은 아니다. 국유은행은 국유기업이 돈을 못 갚아도 쉽게 부도를 내지 않는다. 최악의 경우 출자전환을 하면 된다. 지금까지 중국 경제가 크게 흔들리지 않은 이유다.

사정이 이렇다 보니 중국 경제의 향방을 둘러싼 진영 간의 논쟁은 뜨겁다. 낙관론자들은 광대한 시장 수요가 리스크 요인을 충분히 상쇄하고도 남는다고 자신한다. 비관론자들은 주식과 부동산 등 자산 버블이 터지고 '퍼펙트 스톰'(여러 악재가 한꺼번에 발생하는 바람에 그 파급력이 더욱 커지는 현상)이 덮칠 것이라고 걱정한다. 서로 양극단을 달리고 있는 것이다. 이런 만큼 중국 경제의 실체를 가늠하기 위한 다양한 방법도 동원된다. 중국에 대한 주요 자원수출국인 호주와의 교역 규모까지 바로미터로 활용해 보지만 팩트에 접근하기가 매우 힘들다. 기차 통행량 전기소비량 등을 연구해 보니 2016년 성장률 7%가 실제로는 3.5%였다는 분석이 나왔다. 급기야 2018년 샹쑹쭤向松祚 인민대 교수는 그해 중국의 진짜 경제성장률이 1.67%라고 주장했다. 중국 정부가 발표한 성장률 6.7%를 감안하면 충격적 수준이다.

중국 경제의 버블이 터져 위기를 맞을 것이라고 많은 전문가들이 예측했지만 여전히 굳건하다. 그런 예측은 중국을 시장경제의 시각으로 봤기 때문이다. 그러나 중국은 사회주의 국가다. 사회주의 국가는 특별한 불황을 겪는 것을 보지 못했다. 버블이 터질 것 같으면 정부가 나서서 해결하기 때문이다. 그러나 소련의 경우 1960년대까지만 해도 승승장구하며 잘 나가는 것처럼 보였지만 결국 맥없이 무너졌다. 특히 국유은행이 국유기업에 대출해줬기 때문에 쉽게 부도를 낼 수가 없고 금융 경색이 올 까닭도 별로 없다. 그렇지만 지속적인 경제 수축은 일어난다. 중국이 그런 과정을 가고 있는지도 모른다. 중국도 과감하게 시장 경제와 민주주의를 도입하지 않는 한 과거 소련이 그랬던 것처럼 순식간에 무너질 수 있음을 명심해야 한다.

2020년 11월

김규환

차례

머리말 중국발 세계 경제위기를 대비하라 004

1 중국 승리 시나리오는 없었다

세계 패권 전쟁의 주사위가 던져지다 019

궁지에 몰린 중국의 반격 026

미국 국채 매각, 승부수인가 자충수인가? 035

미중 무역전쟁 이후 드러난 중국 경제의 '민낯' 043

세계 경제를 볼모로 잡은 미중전쟁의 결과 051

2 중국몽이 실패할 수밖에 없는 이유

국가 부도 위기를 부른 '거짓 숫자: 1조 위안' 063

중국을 가로막는 거대한 장벽 093

중국 금융계는 왜 몸살을 앓고 있는가? 122

시진핑의 중국몽을 향한 끝없는 욕망 138

3 중국의 마지막 희망, 'IT 굴기'

'중국제조 2025'로 기술패권을 노리다 165

글로벌 경제를 잠식하는 중국의 포식자들 187

드론부터 반도체까지, 과학굴기는 어디까지? 209

4 중국이 파산하는 날

곳곳에서 울리는 중국의 위기 신호 231

52조 달러 규모의 부동산 거품 239

GDP 대비 부채 300%, D의 공포가 온다 250

중국이 무너져도 살아날 구멍은 있다 264

1

중국 승리 시나리오는 없었다

세계 패권 전쟁의
주사위가 던져지다

1978년, 덩샤오핑鄧小平이 중국 공산당 제11기 중앙위원회 3차 전체 회의(3중전회)에서 개혁·개방정책을 실시한 이후 역동적 경제성장을 거듭한 중국은 2000년대 들어 '팍스 아메리카나Pax Americana'를 위협하는 국가로 떠올랐다. 3중전회 당시 중국 경제 규모는 미국의 5%에 불과했다. 1인당 국내총생산GDP은 잠비아와 비슷했고, 아프리카 평균치의 3분의 2에도 미치지 못하는 수준이었다.

그러나 이후 중국은 2014년까지 연평균 10%의 GDP증가율(경제성장률)을 기록하며 괄목할 만한 성장세를 이어갔다. 1인당 GDP는 155달러(1978년)에서 7,333달러(2014년)로 47배나 증가했으며 7억 명 이상이 빈곤에서 벗어났다. 2010년에는 독일을 제치고 세계 최대 수출국으로 부상했고, 2011년에는 일본을 제치며 세계 제2의 경제 대국으로 거듭났다. 세계 경제에서 차지하는 비중 역시 1978년 1.8%에서 2018년 18.2%로 급등했다.

반면, 거침없이 질주하던 미국은 2000년대 저금리 기조로 유지되던 경제가 시중에 풀린 돈을 회수하기 위해 금리인상 기조로 바뀌자 급속히 침체 국면으로 빠져들었다. 이런 상황에서 9·11 테러가 발생하면서 모든 외교·안보 역량을 중동전선에 쏟아붓는 바람에 성장에 제동이 걸리면서 새로운 정책 대안이 필요하다는 인식이 대두했다. '미국 경제 역시 허점 투성이'라는 사실이 백일하에 드러난 2008년 글로벌 금융위기 이후 세계 경제에 대한 미국의 영향력이 눈에 띄게 감소하고 있다는 우려감도 커졌다.

2009년, 버락 오바마Barack Obama 미국 행정부는 급속히 부상하는 중국을 '잠재적인 경쟁국'으로 규정하고 중국을 견제하기 위한 대내적 제도 정비와 대외정책을 모색해 왔다. 오바마 대통령은 취임 직후인 2009년 미·중 공동 이익을 추구하면서 중국이 국제사회의 책임 있는 일원이자 강대국에 걸맞은 역할을 해주기를 요구하는 등 국제사회의 규범을 지키도록 유도했다.

그러나 미국 지도자의 기대와는 달리 중국이 국제사회에 대한 책임이나 공동 이익을 추구하기는커녕 오히려 확장정책에만 총력을 기울이는 전략을 취하고 있음을 확인한 미국은 대중對中 견제정책을 본격화했다. 국가경제 규모 세계 2위로 도약한 중국은 시진핑習近平 체제가 공식 출범한 2013년 외교정책 노선을 '분발유위奮發有爲(떨쳐 일어나 할 일을 한다)'로 제시하며 '일대일로一帶一路(육·해상 실크로드)' 프로젝트를 가동, 아시아인프라투자은행AIIB과 신개발은행NDB 설립 추진 등 대외 팽창정책을 추진하는 데만 골몰했다.

특히 '주요 2개국G2'으로 대접받으며 콧대가 높아진 중국이 "광활한 태평양은 중국과 미국이라는 두 대국(의 국가 이익)을 수용할 만큼 넓다"고 주창하며, 미·중이 서로 핵심 이익을 존중하고 상생하자는 '신형 대국관계新型 大國關係'의 기치를 높이 드는 바람에 미국은 더 이상 수수방관하기가 어려운 지경에 이르렀다.

대(對)중국 전략을 내세우는
트럼프

이런 상황에서 미·중 무역전쟁이 처음 수면 위로 떠오른 것은 2016년 6월이었다. 공화당 대선후보 경선에 나선 도널드 트럼프Donald Trump는 펜실베이니아에서 유세를 하면서 '중국의 불공정한 무역 관행'을 맹비난했다. 그는 "적성국교역법에 따라 중국에 관세를 부과하겠다"며 중국이 세계무역기구WTO에 가입한 것을 "청사靑史에 빛날 일자리 도둑질"이라고 맹공을 퍼부었다.

트럼프의 이런 중국에 대한 공격은 2016년 대선에서 승리 가능성이 크지 않았던 그가 당선될 수 있었던 주요인으로 작용했다. 당시 트럼프는 백인 노동자 계급들을 비롯한 소외된 미국인들의 고통받는 경제적 궁핍의 원인을 자유무역질서에서 미국인들의 이익을 지키지 못한 기존 정치인들의 무능력 탓으로 돌렸다.

분노한 미국인들의 공격 타깃을 중국과 낡은 기성 정치로 삼아 '미국 우선주의America First'를 외치면서 소외된 미국인들에게 경제적 이익을 가져다줄 것이라는 믿음을 보여준 것이 주효했다. 이에 대해 《워싱턴 포스트The Washington Post》는 "트럼프 후보는 2016년 대선 당시 미국 저소득층의 생활고가 값싼 중국산 제품 탓이라는 '중국 때리기'를 통해 톡톡히 재미를 봤다"고 분석했다.

트럼프 대통령은 취임 2개월 뒤인 2017년 3월 행정명령 2건에 서명했다. 하나는 보조금 지급 금지, 반덤핑 관세를 강화하는 것이었고, 다른 하나는 미국의 무역적자와 그 원인을 검토하라는 것이었다. 미·중은 100일 동안 무역 불균형 해소방안 등을 놓고 치열한 협상을 벌였지만 아무런 소득이 없었다. 트럼프 대통령은 그해 8월, 통상법 301조에 근거해 미 무역대표부USTR에 중국의 지적재산권 침해 여부와 강제 기술이전 요구 조사에 관한 행정명령에 서명했다. 무역대표부는 곧바로 중국이 지적재산권을 도둑질하고 있다면서 '301조Section 301 조사'에 착수했다. 2017년 10월에는 대중 301조 조사 관련 공청회도 열었다.

트럼프 대통령은 2018년 1월 모든 외국산 세탁기와 태양광 전지판에 무차별 관세를 부과하라고 지시했다. 물론 중국산 제품도 포함됐다. 3월에는 중국산을 포함한 수입 철강에 25%, 알루미늄에 10%의 관세를 부과했다. 이에 중국은 4월 미국산 수입품 128개 품목의 관세를 25%로 올리며 보복 조치에 들어갔다. 미국은 중국산 수입품 500억 달러 규모에 25%의 관세를 매기겠다고 예고했고, 중국도 곧바로 미국산 수입품 500억 달러 규모에 보복관세를 부과하며 맞섰다.

미국은 중국과의 무역전쟁을 시작하면서 '국가안보'를 내세워 중국 통신장비업체에 대해서도 제재를 가하며 강하게 압박했다. 미 국방부는 대이란 제재 위반 등의 혐의로 화웨이華爲와 중싱통신ZTE의 휴대전화를 미군기지에서 팔 수 없도록 했다. 이어 중국산 수입품 340억 달러 규모에 7월 6일부터 25%의 관세를 매기겠다고 예고했다. 중국도 똑같은 수준으로 맞대응했다. 미국은 7월 중국산 수입품 2,000억 달러 규모에 10%의 관세를 매기는 계획을 발표했다.

미국 정부는 25% 관세를 매길 중국산 수입품 160억 달러 규모의 리스트를 공개했다. 중국도 미국산 160억 달러 규모에 25%의 세금을 매기기로 했다. 미국은 9월 중국산 2,000억 달러 규모에 추가로 10%의 관세를 부과하고 2019년 1월 1일부터 이를 25%로 올린다고 예고했다. 중국은 미국산 600억 달러 규모에 관세를 매기는 것으로 맞불을 놨다.

미·중 무역전쟁이 격화되는 와중에 트럼프 대통령과 시진핑 중국 국가주석은 그해 12월 아르헨티나 부에노스아이레스 주요 20개국G20 정상회의에서 만나 '90일간의 휴전'에 합의했다. 트럼프 대통령은 2019년 1월 1일로 예정됐던 미국의 2,000억 달러 규모 수입품 대상 관세 인상을 미루고, 3월 1일에 양국이 다시 만나 협상을 벌인다는 데 동의했다. 중국은 미국산 제품을 더 많이 수입하기로 했다.

하지만 화해의 분위기도 잠시에 불과했다. 미국 정부의 요구로 멍완저우孟晩舟 화웨이 부회장겸 최고재무책임자CFO가 2018년 12월 캐나다 밴쿠버 국제공항에서 대이란 제재 위반 혐의로 체포되었고, 미국이 세계 각국에 화웨이의 장비를 사용하지 말라고 요구하며 '화웨이 고사枯死작전'이 본격화했다. 2019년 들어 미 국무부는 유럽 국가들에 화웨이의 5세대 이동통신5G 장비를 사용하지 말라고 으름장을 놓았다. 미 상원에 중국 테크(기술) 기업들에 대한 우려를 담은 초당적 법안이 발의됐고 화웨이는 미국에서 산업기밀 절도, 사기 등의 혐의로 23건에 걸쳐 기소됐다.

트럼프 대통령은 3월 1일로 정했던 관세 인상 협상 시한을 연장하고, '2,000억 달러 규모 10% 관세' 문제를 놓고 대화하기로 결정했다. 그런데 화웨이가 트럼프 대통령이 2018년 8월 서명한 '국가방어강화법NDAA'의 통신장비 거래제한 규정에 맞서 미 정부를 텍사스 법원에 제소했다. 미 정부는 중국에 '2,000억 달러 규모 10% 관세를 5월 10일 25%로 인상'한다는 방침을 중국에 공식 통보했다. 그러면서 미국 기업들이 정부의 허가 없이 화웨이 장비를 쓰지 못하도록 화웨이와 그 자회사들을 블랙리스트(거래제한 기업명단)에 올렸다.

트럼프 대통령과 시진핑 국가주석은 2019년 6월 오사카 G20 정상회의에 만나 무역협상을 재개하기로 합의하면서 일단 숨을 돌렸다. 미국은 화웨이에 대한 제재를 완화하기로 했고, 중국은 미국산 농산물을 대량 사들이기로 약속했다. 하지만 트럼프 대통령은 중국이 농산물 추가 수입 약속을 지키지 않았다면서 중국산 3,000억 달러 규모에 10% 관세를 매긴다고 발표했다. 이어 관세율이 25%까지 올라갈 수 있다고도 덧붙였다.

궁지에 몰린
중국의 반격

2019년 8월 27일자 중국 공산당 기관지인 《인민일보人民日報》의 사설 격인 '중성鍾聲' 칼럼은 이렇게 말하고 있다. "미국의 일부 인사는 중국이 미국의 공격에 반격하지 못할 것이라고 착각하고 있다. 이들은 중국의 결연한 반격 의지를 완전히 오판하고 있다. 중국은 중대한 원칙 문제에서 절대 양보하지 않는다. 중국은 어떠한 도발에도 반드시 반격하고 끝까지 싸울 것이다. 무역전쟁에는 승자가 없고 전쟁을 원하지도 않는다. 하지만 중국은 싸우는 것을 두려워하지 않고 필요할 때는 반드시 싸울 것이다." "우리는 무역협상 타결을 원한다"는 중국 측 전화를 받았다는 도널드 트럼프 미국 대통령의 주장에 발끈하며 대미 경고 수위를 한층 끌어올린 것이다.

미·중 무역전쟁에서 수세에 몰렸던 중국이 대대적인 반격에 나섰다. 중국 정부가 미국 업체들에 대한 자국 테크 기업의 의존도 조사에 착수하고 미국의 제재를 받는 통신장비업체 화웨이가 미국에 대해 조목조목 반박하고 나선 것에 이어, 미국 글로벌 기업의 중국 현지 하청업체의 열악한 노동실태까지 고발한 것이다.

애플의 최대 협력업체인 대만 홍하이정밀공업鴻海精密工業·Foxconn이 아이폰 중국 현지 생산공장에서 임시직 노동자를 과다 채용해 중국 노동법을 위반했다는 보고서가 공개됐다. 미 뉴욕에 본부를 둔 '중국노동자관찰中國勞動觀察·China Law Watch(이하 CLW)'이 앞서 중국 허난성河南省 정저우鄭州에 있는 폭스콘 공장의 열악한 노동환경 실태를 조사한 보고서를 내놓은 것이다. 중국 현지에 진출한 외국 기업들의 불법 노동행위 실태를 고발해온 CLW는 이 공장에 위장 취업해 감시 활동을 벌인 활동가들을 인용해 홍하이정밀공업이 직접 고용하지 않은 파견직 임시 노동자의 비율이 50%를 차지했다고 지적했다. 중국 노동법이 최대 10%로 규정한 임시직 노동자 비율을 5배나 초과한 것이다

CLW에 따르면 임시직 노동자들은 정규직 노동자들이 받는 유급 휴가와 병가를 비롯해 의료, 연금, 고용보험 등의 사회보장 혜택을 누리지 못한다. 학생들인 일부 임시직 노동자들이 개학에 맞춰 8월 말에 학교로 돌아간 뒤 이 비율은 30%까지 낮아졌지만 중국 노동법이 정한 기준치를 크게 넘어선 것이라고 CLW는 비판했다.

CLW는 이어 정저우 생산공장의 일부 노동자들이 생산량이 많은 기간에 매달 최소 100시간의 초과 노동을 했고, 초과 노동에 참여하지 않으려면 허가를 받아야 하는 등 가혹한 노동환경에 내몰렸다고 주장했다. 그러면서 "애플은 공급망을 담당하는 노동자들의 근무 환경을 근본적으로 개선할 책임과 능력을 갖추고 있음에도 (미·중) 무역전쟁으로 발생한 부담을 협력업체와 노동자들에게 떠넘기며 중국 노동자들을 착취해 이익을 내고 있다"고 비난했다. 특히 보고서가 애플의 아이폰 신작인 '아이폰 11'과 애플워치 신제품 등을 발표하는 시점에 나와 의혹의 눈초리로 보는 시각도 없지 않다.

이에 대해 애플은 자체 조사를 벌인 결과 "임시직 노동자 비율이 우리의 기준을 넘었다"며 "홍하이정밀공업 측과 긴밀히 협력해 이 문제를 해결하고 있다"고 시인했다. 이어 문제점에 대해서는 협력업체들과 공조해 즉각 개선 조치를 취하겠다고 애플은 약속했다. 홍하이정밀공업도 자체 조사를 거쳐 노동법 위반 사실을 인정하고 개선 조치를 다짐했다.

홍하이정밀공업 중국 현지공장 직원들의 열악한 노동 환경은 사실 어제오늘의 일이 아니다. 지난달에는 아마존의 인공지능AI 비서인 '알렉사'를 생산하는 홍하이정밀공업의 후난성湖南省 헝양衡陽 공장에서 16~18세 청소년 인턴들을 불법적으로 야간·초과 노동에 투입한 사실이 밝혀진 뒤 경영진 2명이 해고됐다. 지난해 1월에는 홍하이정밀공업 정저우 공장에서 직원 한 명이 기숙사 건물에서 극단적인 선택을 했고, 2010년 홍하이정밀공업 광둥성廣東省 선전深圳공장에서 노동자 10여 명이 저임금과 야근 등에 불만을 품고 잇따라 극단적인 선택을 했다. 2012년 1월에는 홍하이정밀공업 후베이성湖北省 우한武漢 공장에서 노동자 150명이 옥상에 올라가 열악한 근무 환경과 노동 착취에 항의하는 시위를 벌이기도 했다.

화웨이도 반격에 나섰다. 화웨이는 미국 정부가 수년간 암암리에 화웨이에 했던 '아홉 가지 죄罪'를 조목조목 나열하며 비판했다. 그 아홉 가지 죄는 ▲화웨이 전현직 직원들을 협박·회유해 미 정부를 위해 일하도록 하고 ▲부당한 방식으로 화웨이 직원이나 협력 파트너를 수사·압류·체포했으며 ▲함정을 파고 화웨이 직원을 사칭해 사건을 꾸며내 화웨이에 불리한 근거 없는 소송을 시도하고 ▲사이버 공격으로 부당하게 화웨이 내부 네트워크와 정보시스템을 정탐했으며 ▲미국 연방수사국FBI 소환 방식으로 화웨이 직원에게 화웨이 정보를 내놓으라고 압박했다는 것이다.

화웨이는 또 ▲화웨이와 상업적으로 협력하거나 분쟁이 있었던 회사를 동원해 화웨이에 대한 근거 없는 소송을 진행했으며 ▲화웨이에 대해 허위·부정적 뉴스를 기반으로 수사를 진행하고, ▲과거에 완결된 민사 안건을 끄집어내 기술 탈취 혐의를 이유로 선택적으로 조사를 벌이거나 기소했으며, ▲공갈과 비자 거부, 화물 압수 등 방식으로 화웨이의 정상적 비즈니스 활동과 기술교류를 방해한 것이라고 주장했다.

미국의 화웨이를 겨냥한 제재 공세가 거세진 데 대해 적극적으로 맞대응하고 나선 것이다.

중국은 대미 반격을 위해 미 업체들에 대한 자국 테크 기업의 의존도 조사에도 착수했다. 《월스트리트 저널The Wall Street Journal》에 따르면 중국은 국가발전개혁위원회와 공업정보화부, 상무부 등 유관 부문 정부 관리들을 동원해 자국 기업들의 공급사슬 구조와 미국에 대한 위험 노출도를 조사해 왔다. 조사 대상이 된 기업들에는 스마트폰 제조업체인 샤오미小米, 오포OPPO, 비보VIVO 등이 포함된 것으로 알려졌다.

위기에 몰린 중국, 비장의 카드를 던지다

중국 정부의 이 같은 조치는 미·중 양국이 보복 악순환으로 무역전쟁이 격화할 때 중국 기업들이 얼마나 버틸 수 있을지 파악하려는 조치이자 분쟁 장기화를 염두에 둔 것이라는 분석이 나온다. 이번 조사는 중국이 미국 무역 공세에 대한 보복으로 외국기업 블랙리스트를 작성하기로 했을 때와 시점이 맞물려 있어 주목된다. 《월스트리트 저널》은 "미국과의 무역분쟁에서 같은 규모의 반격을 가할 때 자국 기업들이 해를 입지 않게 하려고 중국 관리들이 얼마나 신경을 쓰는지 이번 조사에서 잘 드러난다"고 설명했다.

특히 2019년 들어 미국이 '코로나19 중국 책임론'을 제기하며 강하게 몰아붙이면서 중국은 새로운 '수출통제법'을 마련해 12월부터 이 법을 시행하기로 했다. 이 법은 그동안 '국가안보에 위협이 된다'며 통신장비 업체 화웨이, 인터넷 동영상 애플리케이션(이하 앱) 더우인抖音·TikTok, '중국판 카카오톡'으로 불리는 웨이신微信·Wechat, 반도체 업체 중신궈지中芯國際·SMIC를 제재한 미국에 보복 조치를 가능케 하는 내용을 담고 있다. 중국 정부가 국익 보호를 명분 삼아 세계 시장에서 우위를 점하고 있는 첨단기술 수출을 규제할 법적 장치를 마련한 것이다.

이에 따라 중국 정부는 국익 보호 차원에서 희토류의 수출 통제를 첫 번째 선택지로 제시할 것이라고《환구시보環球時報》의 영문판인《글로벌타임스GT》는 전망했다. 저우시진 칭화대 미중관계센터 연구원은 "도널드 트럼프 행정부가 중국의 희토류 금속으로 만들어진 반도체를 중국 기업을 죽이는 데 사용하는 건 말도 안 된다"며 "중국이 미국에 대한 희토류 수출을 끊어 퀄컴, 마이크론, 인텔 같은 미 기업의 반도체 제조업에 영향을 줌으로써 무례한 괴롭힘에 대응할 때"라고 주장했다.

중국 희토류 업계도 '대미 공격 첨병'을 자임하고 나섰다. 중국희토류산업협회는 성명을 통해 "우리의 산업 지배력을 미국과 무역전쟁에서 무기로 쓸 준비가 돼 있다"며 "미국 정부의 관세 부과에 대한 중국 정부의 맞대응을 결연히 지지한다"고 밝혔다. 중국 내 300여 개 희토류 채굴·가공·제조업체가 소속된 이 협회는 "미국 소비자들은 미 정부가

(중국에) 매긴 관세 부담을 짊어져야 할 것"이라고 목소리를 높였다.

희토류는 존재량이 적은 스칸듐, 이트륨 및 란탄계열 15개 원소 등 모두 17개의 원소를 총칭한다. 반도체와 TV, 스마트폰, DVD 플레이어, 발광 다이오드, 전기차, 풍력발전용 터빈, 의료장비, 정유공장 등 산업계 전반은 물론 레이더, 센서 등 군사 무기체계에 이르기까지 두루 쓰이는 첨단산업 제품의 핵심 소재이다.

중국 정부는 희토류를 '중동의 석유'에 비유하며 1950년대부터 국가의 핵심 자원으로 관리했다. 낮은 인건비, 느슨한 환경 규제, 국가 차원의 인센티브 지원이 큰 도움이 됐다. 세계 매장량의 37%를 보유한 중국은 세계 희토류 생산의 80% 이상을 차지하고 있으며 세계 수출 물량의 42.3%를 책임지고 있는 등 사실상 시장을 독점하고 있다. 특히 미국은 대부분의 희토류를 중국에서 수입한다.

중국의 희토류 수출 중단 카드는 미국에 큰 타격이 될 수 있을 것이라는 관측이 나온다. 중국은 2010년 일본과 동중국해 댜오위다오釣魚島(일본명 센카쿠열도) 영유권을 둘러싼 분쟁 당시 희토류 수출금지 보복 카드로 사용해 일본이 백기를 들게 한 바 있다.

이런 가운데 8월 들어 중국 위안화 환율이 달러당 7위안 선을 돌파했다. 중국은 미국산 농산물 수입을 중단시켰다. 미국 재무부는 위안화 가치를 의도적으로 떨어뜨린다며 중국을 '환율조작국'으로 지정하면서 양국 간 갈등이 심화됐다. 미·중은 10월 벼랑 끝에서 '일시 휴전'에 들어갔다. 워싱턴에서 열린 무역협상에서 중국이 미국 농산물 수입을 더 많이 늘리는 대신 미국은 2,500억 달러 규모의 중국산 제품에 대한 추가 관세를 보류하는 부분 합의에 도달한 것이다. 트럼프 대통령은 중국 측 협상단 대표로 워싱턴을 찾은 류허劉鶴 부총리와 백악관에서 만난 뒤 "실질적인 1단계 합의에 도달했다. 무역전쟁 종결에 매우 근접해 있다"고 밝혔다.

미·중은 이후 막판까지 국익을 위해 치열한 수싸움을 벌이며 2019년 12월에 1단계 무역합의를 공식화했다. 중국이 미국산 농산물 구매를 대폭 확대하겠다고 약속하자 미국은 예정됐던 15% 추가관세를 유예하며 화답했다. 미 재무부는 2020년 1월 중국에 대한 환율조작국 지정을 해제했다. 트럼프 대통령은 1월 15일 백악관에서 류허 부총리가 지켜보는 가운데 1단계 합의안 서명식을 가졌다. 트럼프 대통령이 중국 관세 부과 행정명령에 서명한 지 22개월, 실제 관세를 부과한 지 18개월 만에 미·중 무역전쟁은 공식적으로 일단락됐다.

무역대표부가 공개한 96쪽에 이르는 1단계 합의문에 따르면 중국은 2020~2021년 미국산 제품, 농산물, 에너지, 서비스 등을 최소 2,000억 달러 규모 구매 또는 수입하기로 했다. 산업기계와 전기장비·기계, 의약품, 항공기, 차량, 광학 및 의료 기기, 철강 등 제조품은 2020년과 2021년 각각 329억 달러, 448억 달러씩 777억 달러 규모를 추가로 구입한다. 오일시드와 육류, 곡물 등 농산물과 해산물은 각각 125억 달러,

195억 달러씩 320억 달러 규모를 구매한다. 액화 천연가스와 원유, 정제 제품, 석탄 등 에너지 제품은 각각 185억 달러, 339억 달러씩 524억 달러 규모를 구매한다.

서비스 품목은 각각 128억 달러, 251억 달러씩 379억 달러 규모를 구입하기로 했다. IP 사용료, 출장 및 관광, 금융 서비스와 보험, 클라우드 관련 서비스 등이 구매 대상이다. 이에 따라 중국은 2020년 767억 달러, 2021년 1,233억 달러씩 2,000억 달러 규모의 미국산 제품과 서비스를 구입한다. 중국의 미국산 제품 구매 외에 지적재산권 보호와 강제 기술 이전 금지, 시장접근권 제공 등에도 합의했다.

미국 국채 매각,
승부수인가 자충수인가?

가속되는 신냉전 속
중국의 선택은?

　　　　　　　　미·중이 1단계 합의를 했지만 갈등이 완전히 봉합된 것은 아니다. 오히려 '신냉전'의 양상을 띠며 미·중의 갈등은 고조되고 있다. 그런 가운데 중국의 '미국 국채 매각 카드'가 화두로 등장했다. 미·중 갈등이 격화되면서 중국이 미 국채를 계속해서 내다 팔고 있기 때문이다. 미국 재무부에 따르면 중국이 보유 중인 미 국채 규모는 지난 6월 말 기준 1조 744억 달러다. 중국은 2020년 상반기(1~6월)에만 1,060억 달러어치의 미 국채를 내다 파는 바람에 중국이 보유한 미 국채는 전년 6월보다 3.4% 감소했다. 중국은 그동안 자랑하던 '미 국채 보유

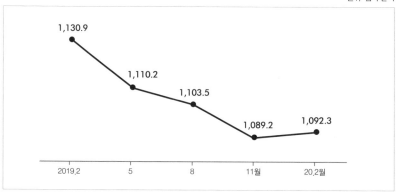

중국의 미국 국채 보유액 추이

단위: 십억 달러

1,130.9

1,110.2

1,103.5

1,089.2

1,092.3

2019.2   5   8   11월   20.2월

자료: 미국 재무부

세계 1위'라는 타이틀을 일본(1조 2,600억 달러)에 넘겨줬다.

중국은 도널드 트럼프 미 행정부가 2018년 5월 중국산 첨단 기술 품목에 25%의 고율 관세 부과를 강행하자 중국은 '끝까지 싸우겠다'고 결사항전을 외치며 대미 보복 의지를 다졌다. 한편, 미중이 1단계 무역합의 서명에도 불구하고 코로나19 바이러스 발원지, 무역 분쟁, 기술 패권을 둘러싸고 미·중 관계가 최악의 상황으로 치달으면서 세계 금융시장에서 중국이 대미 항전 무기로 미 국채를 매각하는 카드를 꺼내들 수 있다는 관측이 흘러 나오는 가운데 실제로 미 국채 매각이 이뤄져 주목을 끌었다.

시쥔양奚君羊 상하이재경대 교수는 "미국이 중국·홍콩을 달러화 결제시스템에서 배제하는 등 금융 제재를 가하면 미 국채를 대폭 줄일 것으로 보인다"며 "중국은 미 국채 보유 규모를 점진적으로 줄여 나가 8,000억 달러 수준으로 낮출 것으로 관측된다. 하지만 군사 충돌 등 극단적 상황이 발생하면 전량 매도할 수도 있다"고 주장했다.

중국은 그동안 막대한 무역 흑자를 바탕으로 미 국채를 사들이면서 재정 적자에 시달리는 미 정부의 자금난을 덜어주는 든든한 지원군 역할을 했다. 그런데 미국의 재정 적자가 누적되고 2017년 미 정부의 감세안 탓에 세수마저 크게 줄어든 상황에서 중국의 미 국채 매각이라는 악재가 터진다면 미국 경제에는 직격탄이 될 수밖에 없다.

중국이 미 국채 처분에 나서면 미국은 새로운 투자자를 물색하기 위해 금리를 올려야 하므로 미 국채 금리는 상승하게 된다. 미 국채 금리의 상승은 시중 금리 상승으로 이어져 미 소비자와 기업의 대출 이자 부담이 늘어나고 소비와 투자가 위축되는 등 미 경제에 큰 타격을 줄 수 있다. 미국의 경우 막대한 재정 적자를 충당하기 위해 신규 국채를 발행해야 하는데, 중국이 오히려 미 국채 보유 비중을 줄이면 미 경제에 치명타로 작용할 수밖에 없다는 얘기다.

일본과 한국, 인도 등 미 국채를 많이 보유한 다른 나라들도 크게 영향을 받는다. 더욱이 미국의 금리 인상은 대외 채무가 많은 신흥국에 자본 유출에 따른 경제 위기를 부채질해 글로벌 금융시장을 강타하는 도화선으로 작용하며, 결국 글로벌 경제를 패닉 속으로 몰아넣는다. 리자李佳 중국 중앙재경대 교수는 "최근의 아르헨티나와 터키의 어려움에서 볼 수 있듯 미 금리 상승기 때마다 신흥국들은 위기를 겪었다"고 설명했다.

그렇지만 중국이 미 국채를 '무기'로 사용할 가능성은 희박하다고 홍콩《사우스차이나모닝포스트South China Morning Post》는 분석했다. 미 국채 매각은 중국 역시 큰 피해를 각오해야 하는 만큼 영향력이 제한적이라는 것이다. 중국 정부가 미 국채를 '무기'로 사용할 가능성이 적은 것은 2014년 심각한 금융 혼란을 겪었던 뼈아픈 경험이 있기 때문이기도 하다. 2008년 글로벌 금융위기로 안전자산으로서 미 달러와 국채에 대한 믿음이 흔들리자 중국 정부는 보유 외환 다변화에 적극 추진했다. 국부펀드인 중국투자공사China Investment Corporation, CIC를 설립하고 국가외환관리국 산하에 해외 투자펀드를 조성해 해외 부동산과 주식 투자 등에 본격적으로 나섰다. 보유 외환이 늘어날 것이라는 믿음이 확고했기 때문이다.

하지만 2014년 6월 사상 최고치(3조 9,932억 달러)를 찍으며 기세 좋게 늘어나던 중국의 보유 외환은 이내 내리막길로 돌아섰다. 위안화의 가치 평가절하 등으로 외국 자본이 썰물처럼 빠져나가면서 2017년 1월에는 3조 달러 선마저 맥없이 무너졌다. 비상이 걸린 중국 정부는 민간기업의 방만한 해외 기업 인수·합병M&A을 무산시키고 자본 유출을 엄격하게 단속하는 등 철저한 외환 통제에 나섰다.

이에 따라 중국은 달러가 안전자산이라는 사실을 새삼 절감하는 계기가 됐다. 영국 싱크탱크 채텀하우스 앨런 휘틀리Alan Wheatley 국제경제연구원은 "이 같은 금융 혼란으로 중국 정부는 위기의 순간에 언제라도 매각해 유동화할 수 있는 미 국채의 중요성을 깨닫게 됐다"고 설명했다. 미국의 경제뉴스 전문방송인 CNBC가 "중국에 있어 '미국 국채 매도'는 자기 파멸적인 핵 옵션"이라고 지적하는 배경이기도 하다.

미 국채 매각은
제 살 깎아 먹기?

중국의 미 국채 처분을 어렵게 하는 또 다른 그림자가 중국 경제에 드리우고 있다. 경상수지 악화와 대외채무 증가 등이 발목을 잡고 있는 것이다. 코로나19 바이러스가 창궐한 중국은 올해 1분기에 2018년 이후 처음으로 경상수지 적자를 기록했다. 국가외환관리국에 따르면 중국의 1분기 경상수지 적자 규모는 337억 달러에 이른다. 중국이 2001년 세계무역기구에 가입한 이후 20년 만에 최대 폭의 적자를 기록했다. 중국이 수출입에서 대규모 무역 흑자를 냈지만 이를 관광과 유학, 이자·배당금 지급 등으로 서비스 부문에서 더 많이 써버렸다는 말이다. 경상수지 적자는 곧바로 중국의 대외 채무의 증가와도 연결돼 있다. 중국의 대외채무는 지난 6월 기준 2조 1,324억 달러에 이른다. 지난해 말보다 751억 달러가 늘어났다.

여기에다 코로나19 사태에 따른 충격파로 중국에서는 달러화 표시 부채 상환이나 대규모 수입 결제를 위해 달러화 수요가 크게 부각되고 있다. 코로나19 사태로 수출이나 여행 수입, 해외 직접투자를 통해 외화를 벌어들일 능력이 크게 떨어진 까닭이다. 중국은 지난 10여 년간 대부분 대규모 경상수지 흑자를 기록했으며 이는 달러화 조달의 주요 원천이었지만 미·중 무역전쟁이 계속되고 코로나19 사태까지 겹치면서 달러 부족 현상이 중국 경제의 '뇌관'으로 떠오른 것이다.

미 국채 매각은 중국 자산 가치의 급락을 초래하는 데다 일본·영국 등 다른 미 국채 보유국의 추가 매입으로 미국에 주는 타격도 제한적일 수밖에 없다는 시각도 있다. 미 국채 매각 과정에서 달러 가치가 하락하게 되면 중국이 보유한 달러화 자산 가치 역시 떨어져 추가 손실로 이어질 수 있다. 인민은행에 따르면 외화보유액(3조 1,426억 달러·2020년 9월 기준)의 3분의 1 이상이 달러화 자산이다. 세계은행 부총재를 지낸 노벨 경제학상 수상자 조셉 스티글리츠Joseph Stiglitz 미국 컬럼비아대 교수는 "중국이 내수 중심 경제로 전환해 왔기 때문에 미·중 무역 갈등 와중에도 중국이 미국보다 더 잘 대처할 수 있는 다양한 수단을 가지고 있다" 면서도 "미 국채 매각은 달러 환율에 크게 영향을 주고 미 국채 가치를 하락시키기 때문에 현명한 선택이 아니다"라고 단언했다.

중국이 미 국채 매각에 나서더라도 매각 규모가 큰 만큼 '큰손' 확보가 그리 쉽지 않고 미국의 강도 높은 추가 보복 조치도 감수해야 한다는 위험도 상존한다. 미 국채 매각은 위안화의 신뢰도 하락으로 이어져 시진핑 국가주석이 추진하는 위안화 국제화에도 악영향을 줄 수 있다. 국제통화기금IMF이 발표한 '공적 외환보유고 통화구성COFER'에 따르면 2020년 2분기 세계 각국 정부와 중앙은행의 위안화 보유 규모는 2,300억 달러이고 세계 외환보유고에서 차지하는 비중은 2.1%에 그쳤다. 반면 달러 규모는 6조 9,015억 달러로 위안화의 30배에 이른다. 세계 외환보유고에서 차지하는 비중도 61.3%로 위안화의 29배 수준이다.

특히 미 국채의 매각으로 미 시장의 소비가 위축되면 그 충격을 고스란히 받을 곳은 다름 아닌 대미 무역 흑자를 누리고 있는 중국 수출 기업들이다. 선전광沈建光 미즈호증권 이코노미스트는 "이론상 중국이 미국으로의 수출을 다른 국가나 지역으로 대체할 수 있다고 하지만, 다른 무역 상대 국가에서 중국의 수출이 차지하는 비중이 이미 높아 이를 재고할 수 있는 여지가 매우 적다"고 지적했다.

사정이 이렇다 보니 2020년 들어 중국의 미 국채 매도는 백악관 관료들이 중국에 코로나19 발생 책임을 묻고 그 발생 비용을 상쇄하기 위해 중국이 보유 중인 미 국채의 상환 의무를 무효화하는 방안을 논의했다는 미국 언론 보도가 흘러나오고 있는 것과 관련이 있다는 게 전문가들의 분석이다. 트럼프 대통령의 경제 참모인 래리 커들로Larry Kudlow 백악관 국가경제위원회NEC 위원장이 '중국이 보유한 미 국채 상환 거부 조치 실현 가능성'을 일축하기는 했지만, 미 관료들이 이러한 논의를 진행했다는 것 자체만으로 중국에 미 국채 보유 축소 명분을 제공한다는 것이다. 《사우스차이나모닝포스트》는 '중국이 보유한 미 국채 상환 거부 조치 실현 가능성'에 대해 전문가들도 현실적으로 실현되기 어려운 카드라고 보는 입장이지만, 중국은 리스크를 사전에 차단하기 위해 미 국채 보유를 줄이는 대응에 나설 수 있다는 의견이 많다고 진단했다.

다만 중국이 보유하고 있는 미 국채를 한꺼번에 대량으로 매도할 경우 중국도 큰 손실이 예상되는 만큼 우선 만기가 돌아오는 채권에 대해서는 연장하지 않고 추가 매수를 중단하는 방법으로 전체 보유량을 더 줄일 가능성도 열어놓고 있다는 게 전문가들의 대체적인 관측이다. 네덜란드 ING은행 아이리스 팡Iris Pang 중국 담당 수석 이코노미스트는 "중국은 미 국채를 빨리 덜어내고 싶어할 것"이라며 "지난 10년 동안 중국 내에서는 미 국채 보유량을 줄여야 한다는 요구가 적잖게 나왔다"고 말했다. 그러면서 "앞으로 몇 달 안에 중국이 미 채권 매입을 중단해 미국 쪽에 분명한 신호를 줄 가능성이 있다"고 전망했다.

미중 무역전쟁 이후 드러난
중국 경제의 '민낯'

코로나사태를 기회로 삼아
미국을 바싹 추격하는 중국

　　　　　　　　한편, 코로나19 팬데믹(전염병의 세계적 대유행)
에서 벗어난 중국 경제가 빠른 속도로 회복하면서 활력을 되찾고 있다.
미국과 유럽이 코로나 대유행의 소용돌이에 휩쓸려 쉽사리 빠져나오지
못하는 동안 중국은 강도 높은 방역체계를 가동해 코로나19 사태를 종식
시키고 '나 홀로 성장'한 덕분에 미국과 중국 간의 종합국력 격차도 눈에
띄게 좁혀졌다. 방역 실패와 리더십 위기로 미국이 급속도로 쇠퇴하는 반
면 중국은 경제·방역이라는 '두 마리 토끼를 잡는' 성과를 거두면서 앞으
로 10년 내 두 나라의 순위가 뒤바뀔 것이라는 섣부른 예측마저 나온다.

중국 국가통계국에 따르면 2020년 3분기 중국 GDP는 전년 같은 기간보다 4.9% 증가했다. 중국의 성장률은 지난 1분기 코로나19 직격탄을 맞으면서 1992년 이후 처음으로 6.8% 역성장했다. 그러나 중국 정부가 코로나 사태를 통제하면서 2분기에 3.2%로 반등한 데 이어 탄력을 붙여 3분기에도 강한 증가세를 지속했다. 반면 미국과 유럽 등은 코로나19 사태의 확산세를 잡지 못해 단기적으로는 마이너스 성장을 벗어나기 어려울 전망이다. 이에 따라 미국과 중국의 국력 격차도 급속히 줄어들고 있다. 호주의 외교·안보 전문 싱크탱크 로위연구소가 아시아·태평양 지역 26개국의 국력을 군사·경제·외교·문화 등 8개 지표에 걸쳐 평가한 '2020년 아시아 파워지수API·Asia Power Index'에 따르면 미국이 81.6점으로 1위, 중국이 76.1점으로 2위에 올랐다.

지난 3년간의 흐름을 보면 미국은 지속적인 내림세를 보였고 중국은 완만한 오름세를 나타냈다. 2020년에는 미국의 하락 폭이 두드러진다. 두 나라 간 국력의 격차는 2018년 9.5점에서 2019년 8.6점, 올해에는 5.5점으로 절반 가까이 좁혀졌다. 아·태 지역 내에서 미국의 영향력이 감소하면서 생기는 공백을 중국이 빠르게 채울 것이라는 전망이 나오는 이유다. 로위연구소의 보고서에서 드러난 것처럼 중국이 무기 개발에 거액을 투자하고 세계 최고 수준의 슈퍼컴퓨터 500대 중 229대를 보유하는 등 군사·과학 부문에서도 미국을 맹추격하고 있기 때문이다.

이 같은 추세에 힘입어 중국 경제는 오는 2032년에 미국을 제치고 세계 1위로 올라설 것이란 관측도 있다. IMF는 '세계 경제 전망 보고서'를 통해 중국의 올해와 내년 경제성장률이 각각 1.9%, 8.2%에 이를 것으로 내다봤다. IMF의 전망을 바탕으로 계산하면 2021년 중국의 GDP는 15조 8,000억 달러로 미국 GDP(21조 2,000억 달러)의 75% 수준까지 근접하게 된다. 글로벌 금융위기 당시인 2008년 당시 중국 GDP가 미국의 31% 수준에 그쳤던 것을 생각해보면 놀라운 일이 아닐 수 없다.

스위스 투자은행 UBS의 왕타오汪濤 중국 담당 이코노미스트는 "10년 뒤인 2030년 미국과 중국의 GDP가 각각 26조 6,000억 달러, 26조 8,000억 달러가 돼 중국이 미국을 제칠 것"이라고 예측했다. 중국 국무원 산하 정책연구기관 발전연구센터도 보고서를 통해 "중국 경제는 코로나19 사태에도 앞으로 5년간 연평균 5~5.5%씩 성장을 거듭할 것"이라며 중국 경제가 2032년에 이르면 미국을 제치고 세계 1위로 올라설 것이라는 전망을 내놨다.

그러나 이 같은 경제 회복 낙관론은 오늘날 중국 경제가 안고 있는 많은 '상황'을 간과하고 있다. 낙관론의 대부분은 2003년 창궐한 사스SARS(중중급성호흡기증후군) 시기를 거론한다. 사스 사태가 발발한 직후인 2003년 1분기 11.1%였던 경제성장률은 2분기에 9.1%로 큰 폭으로 하락했다가 3분기에 10%대로 반등하며 금세 호전됐다는 점을 그 근거로 든다. 하지만 이것은 실제적인 상황을 배제하고 있다. 사스가 덮친 2003년은 중국 경제가 고도성장기였다. 반면에 미중 무역전쟁과 코로나19 사태가 겹친 2020년은 중국 경제의 침체기인 것이다.

기업 수익 창출 능력의 질을 보여주는 총자산순이익률ROA, 자기자본이익률ROE 수치가 이를 고스란히 보여준다. 2008년 글로벌 금융위기가 발생한 이후 중국 경제는 정부가 꺼낸 4조 위안 규모의 슈퍼 경기부양책 덕분에 성장을 거듭해왔다. 하지만 상장기업의 ROA와 ROE는 2010년 정점을 찍은 후 줄곧 하락세를 보이고 있다. 2003년 사스 때는 제조업 부가가치가 증가하고 ROA와 ROE가 모두 높은 수준을 유지하면서 계속 상승세를 타고 있었다. 그러나 지난해부터 이 3개 지표는 지속적으로 하락하고 있다.

특정 국가의 경제 규모는 총공급과 총수요로 구분된다. 총공급은 한 나라가 1년 동안 생산한 모든 재화와 용역의 총합으로, 곧 GDP를 뜻한다. 총수요는 민간 소비와 정부 지출, 투자(투입), 그리고 수출과 수입의 차이인 순수출의 4개 부문으로 나뉜다. 한 국가의 GDP가 성장한다는 것은 총수요의 4개 부문 가운데 어느 한 부문이라도 과거보다 커지는 것을 의미한다. 그렇다면 중국의 경우 어떤 변수를 통해 경제성장률을 높일 수 있었을까? 당연히 투자와 순수출이 꼽힌다. 정부 지출로 성장률을 높이기에는 한계가 있고 민간 소비 수준도 낮은 까닭이다.

투자의 경우 국내 자본이 부족하면 외국에서 자금을 빌려오든가 아니면 외국기업의 국내 투자가 증가하면 가능하다. 투자 덕분에 생산이 증가하지만, 내수 소비 부진으로 생산품을 모두 흡수할 수 없으면 수출이라는 대안이 있다. 과거 초고속 성장의 대명사인 한국과 대만, 일본 등도 고성장기에 수출과 투자가 급팽창한 점은 공통이다. 이들 국가 모두가 투자와 수출에 목을 맬 수밖에 없었던 이유인 셈이다. '투자 중심 수출주도형 경제성장 정책'이라는 용어가 탄생한 배경이다.

2000~2015년 중국 GDP에서 투자가 차지하는 비율은 연평균 48% 수준, 민간 소비 비율은 35% 안팎이다. 이에 비해 미국 경제는 투자가 연평균 15%, 민간 소비는 무려 71% 안팎이다. 두 나라 모두 소비와 투자 비율이 GDP 대비 80%를 넘는 사실에 비춰볼 때 이 두 변수가 경제 성장을 견인하는 핵심 요인이다. 중국의 경제성장률은 그동안 투자가 좌우했지만, 미국 경제 성장은 소비가 견인했다고 볼 수 있다. 중국이 많은 투자를 계속할 수 있다면 지속적으로 고성장할 수 있다는 점을 시사하는 대목이기도 하다.

중국 경제 성장의
걸림돌

중국 경제 성장의 최대 강점인 투자는 미국발 글로벌 금융위기가 발생하기 전인 2008년 이전에 가장 효과가 컸다. 100을 투자하는 경우 산출, 즉 GDP는 90 이상 증가했다. 하지만 5년이 지난 2013년에는 투입 대비 30% 정도로 곤두박질쳤고, 급기야 2018년에는 그 비율이 25% 수준으로 떨어졌다. 즉 100을 투입하면 단지 25의 산출이 가능하다는 얘기다. 이를 자본의 한계효율 저하라고 말하는데, 중국 경제가 2008년 이후 이 늪에 빠졌음을 알 수 있다.

이는 즉, 중국이 글로벌 금융위기 이전과 같이 연평균 성장률 9%를 달성하기 위해서는 당시보다 무려 4배나 많은 자본을 투입해야 한다는 것이다. 이를 위해서는 은행 대출을 지속해서 늘리며 투자를 어느 정도로 유지할 수밖에 없다. 중국의 부채가 급속도로 늘어나는 까닭이다. (그래도 중국 성장률은 거의 반 토막이 났다.)

중국의 부채는 중국 경제성장의 또 다른 걸림돌이다. 중국 총부채(정부·기업·가계 부채)는 2007년까지만 해도 GDP 대비 150% 수준이었지만, 2019년에는 300% 수준에 근접해 있다. 국제결제은행BIS이 추정한 GDP 대비 65% 수준의 숨은 빚은 여기에 포함되지도 않았다. 총부채 중 가장 경계해야 하는 것은 기업 부채다.

중국 국가금융발전연구원에 따르면 중국 GDP 대비 기업 부채 비율은 2020년 6월 말 현재 164%다. 지난해 말보다 13%포인트 급등했다. 차입비 상승과 융자 연장이 어려운 비국유기업, 재무구조가 취약한 민간기업, 신용도가 낮은 부동산 개발업자, 지방정부 사업에 자금을 조달하는 창구 역할을 하는 중국의 독특한 시스템인 지방정부융자회사 등이 특히 취약한 것으로 분석된다. 내년까지 기업과 지방정부 등 중국 경제 주체들의 상환 부채만도 최소한 10조 위안 이상에 이를 것으로 추

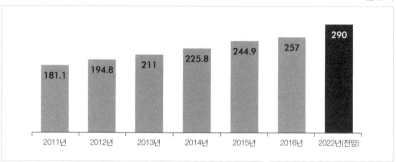

중국 GDP 대비 총부채 비율

(단위: %)

181.1 — 2011년
194.8 — 2012년
211 — 2013년
225.8 — 2014년
244.9 — 2015년
257 — 2016년
290 — 2022년(전망)

자료: 국제결제은행/국제통화기금

정된다.

대출 규모도 불안감 확산을 부추긴다. 기업 부채 규모는 2008년 4조 달러 수준에 머물렀으나 2019년에는 19조 8,000억 달러로 10년 만에 4배 가까이 증가한 것으로 추산된다. 이에 따라 중국에서 유동성 공급량을 나타내는 '사회융자총량TSF'도 2003년 GDP 대비 132%에서 지난해 254%까지 급상승했다. (TSF는 위안화 대출과 외화대출, 신탁대출, 기업 채권 등 실물경제에 공급된 유동성을 보여주는 지표다.)

특히 2020년 상반기에 늘어난 TSF 규모만 해도 중국 GDP의 3분의 1에 가까운 29조 6,200억 위안으로 추산된다. 부채 대부분은 지방정부와 국유기업의 인프라 투자 및 개인의 부동산 투자에 사용됐다. 이렇게 늘어난 부채를 억제하는 정책을 펴면 경기가 악화할 가능성이 커질 공산이 크다. 중국 정부의 낙관적 경제 전망과는 달리 코로나19 사태 충격으로 내수 경기 위축과 경기 회복 속도가 지연되면 정부가 제어할 수 없는 사상 최악의 디폴트(채무불이행) 사태가 일어날 수 있다.《사우스차이나모닝포스트》는 4조 1,000억 달러 규모의 중국 회사채 시장이 새로운 위험 국면에 진입했으며 2020년 중국 회사채 디폴트 규모가 사상 최대치를 기록할 것이라고 경고했다.

중국 경제가 안고 있는 또 다른 문제는 수출 의존도가 높다는 점이다. 중국 경제에서 수출이 차지하는 비중은 17%를 넘어섰다. 향후 미국과의 갈등이 심화하고 다른 지역의 코로나19 상황이 심각해지면 글로벌 수요가 대폭 줄어들어 수출도 격감할 가능성이 적지 않다. 이 때문에 중국 경제가 지난 3분기에 5% 가까이 성장했지만, 경제 전문가들의 평가는 그리 호의적이지 않다.

1월부터 9월까지 경제 규모는 지난해 같은 기간과 비교해 거의 비슷하다. 9개월간의 성장률이 1%도 채 되지 않는 셈이다. 이런 판국에 코로나19 사태가 다시 악화하면 성장 흐름은 이어지기 어렵다. 중국인의 소비는 한때 '보복 소비'란 말이 나돌 정도로 가파르게 회복했지만 시간이 흐르면서 회복세가 약해졌다. 미국 대선 이후 대중국 정책도 변수다. 미·중 갈등이 격화되면 중국 성장 흐름이 예상과는 크게 달라질 수 있다.

세계 경제를 볼모로 잡은
미중전쟁의 결과

G2의 싸움에 흔들리는
세계 경제

　　　　　　세계의 패권을 다투는 두 대국의 갈등은 세계 경제에 좋지 않은 방향으로 영향을 미치고 있다. 특히 2019년 5월 14일, 미국과 중국의 무역전쟁이 보복전으로 비화하면서 글로벌 금융시장이 걷잡을 수 없는 충격에 휩싸였던 바 있다. 당시 뉴욕증시에서 다우존스30 산업평균지수는 617.38포인트(2.38%)나 폭락한 2만 5324.99에 거래를 마쳤다. 장중 719포인트까지 밀리기도 했다. 스탠더드 앤드 푸어스S&P 500지수는 69.53포인트(2.41%) 내린 2811.87에, 기술주 중심의 나스닥 지수는 269.92포인트(3.41%)나 급락한 7647.02에 각각 마감했다.

다우지수와 S&P지수는 2019년 1월 3일 이른바 '애플 쇼크' 이후로 4개월여 만에 최대 낙폭을 기록했고 나스닥의 낙폭은 5개월여 만에 가장 컸다. 이에 따라 미국 월가의 '공포 지수'로 불리는 시카고옵션거래소CBOE 변동성 지수VIX(S&P500지수가 향후 30일간 얼마나 움직일지에 대한 시장의 예상 지수)는 30% 안팎 상승하면서 20선을 넘어섰다.

독일 프랑크푸르트 증시의 DAX 지수는 1.52% 하락한 1만 1876.65에, 프랑스 파리 증시의 CAC40 지수는 1.22% 내린 5262.57에 각각 거래를 마쳤다. 범유럽지수인 Stoxx 50지수는 1.2% 떨어진 3320.78에 마감했다. 중국 상하이종합지수는 1.21% 하락한 2903.71로 거래를 마쳤고 중국 선전 종합지수도 1.08%, 대만 자취안加權지수는 1.44% 하락세로 각각 마감했다. 이날 세계 각국 증권시장에서는 주가지수가 폭락을 거듭하면서 하루 사이에 시가총액 1조 달러가 허공으로 사라져버렸다.

중국이 전날 밤 600억 달러 규모의 미국산 제품에 대해 5~25% 관세를 부과하기로 했다고 발표한 까닭이다. 미국이 앞서 2,000억 달러 규모의 중국산 수입품에 대한 관세를 기존 10%에서 25%로 인상한 것에 대한 보복성 조치였다. 세계 GDP의 40% 이상을 차지하는 미·중 무역전쟁의 파괴력을 한눈에 보여주는 대목이다.

국제통화기금IMF이 10월 제시한 세계 경제의 2019년 경제성장률과 교역 증가율은 각각 3.0%, 1.1%였다. 2018년 세계 성장률과 교역 증가율은 나란히 3.6%였다. 2008~2018년 세계 성장률과 교역 증가율의 평균치도 모두 3.4%로 같았다. 하지만 2019년 교역 증가율은 경제성장률의 3분의 1 수준으로 쪼그라들었다. 2007년과 2019년의 수치를 비교하면 그 차이가 더 두드러진다. 지난 12년간 세계 성장률은 5.6%에서 3.0%로 2.6%포인트만 줄었으나 교역 증가율은 8.1%에서 1.1%로 7.0%포인트 급감했다. 그 이유로 미·중 무역전쟁과 보호무역, 제조업 위주의 세계 분업체제 약화, 인공지능, 빅데이터 등 교역 의존도가 낮은 지식집약적 산업의 급성장 등이 꼽힌다.

미국은 2008년 글로벌 금융위기 때 양적완화 정책으로 막대한 돈을 풀었고 중국은 8%대 고성장을 바탕으로 각국의 수출 수요를 흡수했다. 반면 2019년 미·중은 첨예한 무역전쟁을 벌였을 뿐 아니라 미국의 자국 우선주의, 중국의 성장 둔화 등이 세계 경제에 큰 부담을 안겼다. 미국 경제전문가 아빈드 수브라마니안Arvind Subramanian 피터슨국제경제연구소 수석연구원과 조시 펠먼 JH컨설팅 이사는 "미국과 중국이 서로의 상품에 관세와 무역 제한을 가하고, 미국이 다자간 무역 규칙과 제도를 훼손함에 따라 세계 무역이 눈에 띄게 둔화되고 있다. 수출이 타격받는 개발도상국 경제가 더 어려워질 것"이라고 우려했다.

무역전쟁은 비교적 견고한 상승세를 타던 미·중 경제를 '나락'으로 떨어뜨렸다. 경제성장률은 두 나라 모두 둔화했다. 미국의 성장률은 2018년 2분기 3.5%까지 치고 올라갔지만 이후 무역전쟁이 본격화하며 더 이상을 힘을 쓰지 못하고 2019년 4분기 2.1%까지 주저앉았다. 성장

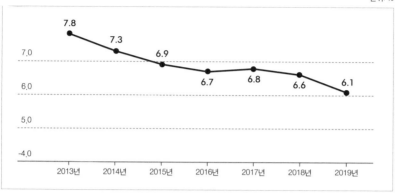

중국 연도별 경제성장률

단위: %

7.8
7.3
6.9
6.7
6.8
6.6
6.1

2013년　2014년　2015년　2016년　2017년　2018년　2019년

자료: 중국 국가통계국

률이 둔화하자 도널드 트럼프 행정부는 미 연방준비제도를 집요하게 압박해 3차례 연속 기준금리 인하에 나섰지만 경제성장률을 끌어올리는 데는 역부족이었다.

중국 경제는 타격이 더 심하다. 2018년 1분기에 6.8%의 성장률을 기록했으나 2019년 들어 두 나라가 관세폭탄을 본격적으로 주고받는 통에 4분기에는 6.0%까지 떨어지는 등 중국 경제성장률(6.1%)은 가까스로 6%에 턱걸이했다. 천안문天安門 시위 유혈 진압 사태의 여파로 중국 경제에 큰 충격이 가해진 1990년(3.9%) 이후 29년 만에 가장 낮은 수준이다.

중국의 6%대 성장률 방어는 그나마 중국 정부의 '눈물겨운 노력' 덕분이다. 무역전쟁의 골이 깊어지면서 중국 기업들의 심리를 위축시켜 투자를 미루고 고용 창출을 늦추기 시작했다. 이 때문에 경기둔화 속도가 통제권에서 벗어날 수 있다는 우려가 커지자 중국 정부는 즉각 2조 1,500억 위안 규모의 인프라 투자와 2조 위안 규모의 감세로 경기부양에 나서는 등 신속하게 대응했다.

더욱이 '회색 코뿔소Gray Rhino(지속적인 경고로 사회가 인지하고 충분히 예상할 수 있지만 쉽게 간과하는 위험 요인)'로 불리는 부채 리스크가 여전하다는 우려에도 지난해 3차례에 걸쳐 전면적인 지급준비율 인하를 단행했고, 중기유동성지원창구 금리와 연동되는 사실상의 기준금리인 대출우대금리를 끌어내려 유동성을 큰 폭으로 확대하는 등 빚이 급증하는 '고육책'을 마다하지 않았다.

미·중의 교역 규모도 감소했다. 중국 국가통계국에 따르면 2019년 중국 대미 교역량은 5,413억 8,826만 달러로 전년보다 14.5% 줄었다. 2015년 이후 미국의 최대 교역국이었던 중국은 지난해 미국 전체 무역에서 차지하는 비중이 13.5%로 떨어져 멕시코·캐나다(각각 14.8%)에 이어 3위로 밀렸다. 미국의 대중 무역수지 적자도 3,456억 달러로 전년보다 17.6% 감소했다. 2014년 이후 최저치다. 트럼프 대통령이 공언한 대로 무역 적자가 감소했지만 미국의 대중 무역 적자 규모는 여전히 크다. 옥스퍼드이코노믹스의 수석 이코노미스트인 그레고리 다코Gregory Daco는 "무역전쟁을 통해 엄청난 교역 감소가 나타난 반면 적자 감소는 미미했다"고 분석했다.

미·중 무역전쟁의
피해 규모는?

　　　　　　　　세계 경제 양강의 무역전쟁으로 글로벌 경제 역시 맥을 추지 못했다. 2019년 3분기에는 한국(0.4%)을 비롯해 독일(0.1%), 일본(0.4%), 영국(0.3%) 등 주요국 경제도 모두 0%대의 성장을 기록했다. IMF는 미·중 무역전쟁이 2019년과 2020년 세계 경제에 7,000억 달러 규모의 피해를 줄 것으로 추정했다. 이는 한 해 스위스 GDP와 맞먹는다.

　미 경제전문채널 CNBC는 양국의 무역 갈등이 경제 냉전으로 번질 가능성을 배제할 수 없다며 '전 세계를 쪼개 놓을 것'이라고 우려했다. 특히 한국과 독일은 GDP의 45%, 48%를 각각 수출에 의존하기 때문에 미·중 무역전쟁의 피해가 더 컸다. 우리금융경영연구소에 따르면 2019년 1~9월 한국의 수출은 미·중 무역전쟁 영향으로 9.8% 감소했다. 영국(-6.3%), 독일(-5.1%), 일본(-4.4%) 등을 제치고 전 세계 교역 상위 10개국 가운데 가장 타격이 컸다.

　경기 부천에서 반도체 후後공정 장비업체를 운영하는 한 업체 대표는 "미·중 무역전쟁 여파로 회사 문을 닫을 판"이라고 한숨부터 내쉬었다. 이 회사는 2019년 매출 목표를 지난해와 같은 170억 원으로 잡았지만 11월 말까지 38%에 불과한 65억 원만 벌어들였다. 무역전쟁이 격화되면서 매출의 절반 이상을 차지하는 중국의 경기가 급락한 탓이다. 그는 "이미 납품한 장비 대금 10억 원을 받지 못했고, 올해 중국발 주문도 지난해보다 30억 원이나 줄었다"며 "무역전쟁이 우리 같은 중소기업에도 이렇게 큰 영향을 미칠지 몰랐다. 내년 계획을 짜야 하는데 인원 감축부터 고민하고 있다"고 털어놨다.

이런 판국에 글로벌 무역체계를 조율하는 세계무역기구 등 국제기구도 제 역할을 하지 못하면서 자유무역과 다자주의 질서가 흔들리고 있다. 미국의 자국 우선주의 기조를 격렬히 비판하는 중국 또한 노골적으로 보호무역 기조를 강화하면서 글로벌 교역량 감소를 부채질한 것이다. 블룸버그 통신은 "중국이 세계에서 가장 위협적인 보호무역 국가"라며 중장기 발전전략 '제조 2025'가 정부의 직접 보조금 지급, 공기업 동원 등 전형적인 보호무역 정책으로 점철됐다고 비판했다.

미국과 중국은 2020년 1월 15일, 1단계 무역합의 서명식을 마치며 세계 경제에 드리웠던 짙은 먹구름을 일단 걷어냈다. 하지만 미·중 무역전쟁으로 인해 전 세계적으로 보호무역주의 확산, 미·중 관세폭탄에 따른 글로벌 무역 질서와 공급 사슬이 붕괴되면서 상품과 서비스의 생산과 교역이 줄어든 것은 말할 것도 없고 경제 주체들의 심리까지 꽁꽁 얼어붙었다. 두 나라의 제조업 생산 활력을 크게 떨어졌고 성장률이 둔화되는 바람에 글로벌 경제에 적지 않은 생채기를 남겼다.

세계은행World Bank이 지난 1월 발표한 '세계경제전망World Economic Prospects'을 통해 2020년 세계 성장률을 지난해 6월보다 0.2% 낮춘 2.5%

로 전망했다. IMF와 경제협력개발기구OECD는 세계 성장률을 각각 3.4%, 2.9%로 예측했다. 세계 성장률 전망치를 하향 조정한 것은 미·중이 무역전쟁을 계속하고 있다는 점이 주요인이라고 이들 국제기구들은 설명했다.

한국개발연구원KDI이 미·중 무역전쟁의 영향이 실제로 얼마나 큰지 알아보기 위해 미·중 제조업 생산·수출 변화를 비교한 결과 미국은 0.06%, 중국은 3.78% 감소했다고 밝혔다. 미국 의회예산국CBO은 관세 관련 불확실성과 비용으로 미국의 경제성장률을 0.3% 갉아먹었고, 가계 소득은 2018년 이후 평균 580달러가 축소됐다고 분석했다. 또한 더욱 심화되는 미·중 간 갈등과 코로나19 사태 확산 여파로 올해 세계 경제 성장률이 더 낮아질 수 있다고 경고했다.

경제 전문가들은 미·중 무역전쟁이 가져온 결과를 제대로 평가하기에 아직은 이르며 몇 년은 더 지나야 제대로 된 충격파의 그 정도를 가늠할 수 있을 것이라고 지적한다. 아이한 코세Ayhan Kose 세계은행 거시경제전망 책임자는 "미·중 무역전쟁은 관세 문제가 아니라 불확실성의 문제였다"며 "무역 궤도 이탈로 인한 불확실성이 얼마나 세계 경제에 충격을 주는지 알게 된 것"이라고 강조했다.

종교통이
실패할 수밖에
없는 이유

국가 부도 위기를 부른
'거짓 숫자: 1조 위안'

거짓으로 점철된
팍스 시니카를 부르짖다

'중국의 미국 추월론'이 득세하고 있다. 미국이 코로나19 사태로 혼돈의 상황에 빠지면서 경제적으로 결딴이 나는 모양새인데 반해 중국은 코로나19 사태의 선제적 방역에 성공하면서 그 시기를 앞당길 것이라는 관측이 힘을 얻고 있는 것이다.

호주 싱크탱크인 로위연구소가 지난 10월 발표한 '아시아 파워 지수'에 따르면 아시아·태평양 지역에서 미국의 영향력은 81.6점으로 1위를, 중국은 76.1점으로 2위에 각각 올랐다. API는 아·태 지역 26개국 국력을 경제력, 군사력, 외교력, 문화적 영향력, 국방 네트워크 등 8개 부문에 점수를 매겨 평가한 지수다. 특히 미·중 간 영향력 차이는 지난 2년 새 눈에 띄게 줄어들었다.

2018년에는 두 나라 영향력 차이가 10.1포인트였지만 2020년에는 그 차이가 절반에 가까운 5.5포인트까지 좁혀졌다. 미국 영향력이 감소한 가장 큰 요인은 코로나19 방역 실패와 그에 따른 경제 타격이라고 로위연구소는 지적했다. 무역분쟁과 도널드 트럼프 행정부의 국제기구 탈퇴 움직임도 미국 위상 약화에 영향을 미친 것으로 분석된다. 헤르베러메이휴 로위연구소 연구책임자는 "중국이 10년 내에 미국을 넘어설 가능성이 높다고 본다"고 설명했다.

미국 싱크탱크인 브루킹스연구소의 호미 카라스 국제경제 선임연구원은 지난 8월 "중국의 국내총생산이 기존 예상보다 2년 빠른 2028년에 미국을 앞설 것"이라고 전망했다. 그는 "중국은 강력한 통제로 코로나19를 잡고 세계 주요국 가운데 가장 일찍 경제를 정상화했다"며 올해 중국과 미국의 국내총생산 증가율 격차가 코로나19 이전 시대보다 2배 이상 벌어질 것으로 예상했다. 영국 싱크탱크 경제경영연구소CEBR도 1월 발표한 2020년 연례 '세계 경제 순위표' 보고서에서 2033년 중국 경제 규모가 미국을 제치고 세계 1위에 오를 것이라고 분석했다.

여기에다 미 경제전문지《포천Fortune》이 선정한 매출 기준 세계 500대 기업 명단에 포함된 중국(홍콩 포함) 기업 수가 미국을 처음으로 추월했다.《포천》은 2020년 선정한 '글로벌 500' 기업 명단에 중국과 홍콩 기업

세계 경제 순위 전망

	2003년	2008년	2013년	2018년	2019년	2023년	2028년	2032년
미국	1	1	1	1	1	1	1	2
중국	6	3	2	2	2	2	2	1
일본	2	2	3	3	3	3	3	4
독일	3	4	4	4	4	4	5	5
인도	12	12	10	7	5	5	4	3
프랑스	5	6	5	6	6	7	7	7
영국	4	5	6	5	7	6	6	6
이탈리아	7	7	9	8	8	10	11	13
브라질	14	9	7	9	9	8	8	8
캐나다	9	11	11	10	10	9	9	9
한국	11	15	14	11	11	11	10	8
러시아	16	8	8	12	12	12	13	16
호주	15	14	12	14	13	13	12	11

자료: 영국 경제경영연구소

124개사가 포함돼 미국 기업 수(121개사)를 처음으로 앞질렀다고 발표했다. 대만까지 포함한 범중국 기업 수는 133개에 이른다.

클리프턴 리프Clifton Leaf 포천 편집장은 "글로벌 500 명단이 처음 나온 1990년에는 중국 기업이 전혀 포함되지 않았으나, 지난 30년간 무역 증가에 힘입어 중국 경제가 급상승했다"고 평가했다. 중국을 G2 반열에 올려놓은 시진핑 국가주석의 이목이 '팍스 시니카Pax Sinica'로 쏠릴 수밖에 없는 이유다. (팍스 시니카는 중국이 주도하는 세계평화 시대를 의미한다.)

그러나 팍스 시니카라는 장밋빛 전망의 이면에는 중국의 위기론 또한 똬리를 틀고 있다. 중국의 고질적인 문제인 통계 조작이 일어나고 있는 탓이다.《예고된 버블China's Guaranteed Bubble》을 쓴 중국 금융전문가 주닝朱寧 칭화대 국가금융연구원 부원장은 "중국 국가통계국이 GDP 통계를 내기 시작한 1985년 이후부터 2010년대 초까지 중국 지역별 GDP의 합계는 항상 국가 GDP보다 높았다"고 지적했다.

중국에서 통계 조작이 성행하는 것은 선거 등 민주적인 관리 임용·평가 절차가 없는 만큼 통계 지표가 관리 고과의 절대 기준이 되기 때문이다. 사정이 이렇다 보니 중국 통계는 축소, 과장, 조작으로 악명이 높다. 서방이 중국 통계를 신뢰하지 않은 지는 오래됐다. 통계는 목적과 필요에 따라 조작된다고 믿는 중국인들이 많다. 오죽했으면 리커창李克强 총리조차 중국 지방정부의 통계는 믿을 수 없다고 했을까.

중국이 '통계 조작의 덫'에 걸리는 속사정

2018년 1월 13일 중국에서 깜짝 놀랄 만한 소식이 날아들었다. 중국 동북부 지역경제 성장의 견인차 역할을 하던 톈진시天津市 빈하이濱海신구가 통계 조작을 저질렀다고 양심 고백을 하고 나선 것이다.

톈진시 빈하이신구는 앞서 11~13일 사흘간 진행된 제3기 인민대표대회 4차 회의에서 2016년 국내총생산 규모가 기존 GDP 통계수치보다 50%나 적은 6,654억 위안이라고 바로잡았다. 빈하이신구는 2016년 GDP가 1조 2억 위안, 2015년 9,300억 위안, 2014년 8,700억 위안, 2013년 8,000억 위안을 각각 기록했다고 발표한 바 있다. 그런데 빈하이신구의 2016년 GDP가 6,654억 위안으로 밝혀짐에 따라 기존 GDP 수치가 엄청나게 부풀린 통계임이 들통난 셈이다. 빈하이신구는 톈진시 경제의 절반을 책임지고 있을 정도로 비중이 높다. 빈하이신구의 GDP가 절반씩이나 줄었다면 당연히 톈진시의 경제 역시 빨간 불이 켜진 것으로 봐야 한다.

빈하이신구가 '1조 위안 클럽'에 가입한 국가급 개발신구라는 의미를 부여하며 흥분했던 중국 언론들은 유구무언이다. 빈하이신구는 광둥성 선전 특구와 상하이 푸둥浦東신구에 이어 중국 정부가 야심차게 추진하는 경제특구다. 덩샤오핑은 개혁·개방을 선도할 중심 도시로 선전 특구를, 장쩌민江澤民은 상하이 푸둥신구를, 후진타오胡錦濤는 톈진 빈하이신구를 각각 집중 육성했다.

이 같은 중국 지방정부의 GDP 부풀리기 관행이 드러나면서 중국 정부의 공식 통계에 대한 의혹이 증폭되고 있다. 중국 지방정부의 통계 마사지 관행은 지방 고위 관료들이 자신의 인사 평가를 좋게 받고, 지방정부가 보다 나은 신용등급을 받아 자금 조달 때 금리를 낮추기 위한 것이라는 게 전문가의 대체적인 견해이다.

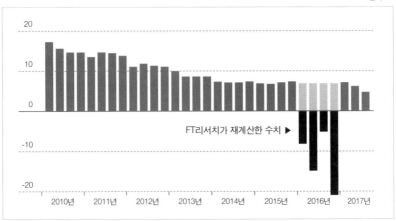

네이멍구의 연도별 GDP 성장률

단위: %

FT리서치가 재계산한 수치 ▶

2010년 2011년 2012년 2013년 2014년 2015년 2016년 2017년

자료: 게이브칼 드래고노믹스/FT리서치

통계 조작 관행의 양심 고백 사건은 3일 중국 북부 네이멍구內蒙古자치구가 이를 인정하면서 본격화됐다. 네이멍구자치구 정부는 이날 열린 경제정책회의에서 당초 발표보다 2016년 산업 생산량이 40%, 같은 기간 26% 각각 낮춰야 한다며 "2016년 GDP 증가율(경제성장률)도 상당 부분 하향 조정해야 한다"고 털어났다.

네이멍구자치구의 2016년 GDP는 전년보다 7.2%가 증가한 1조 8,128억 위안으로 전국 31개 성·시·자치구 가운데 16위를 차지했다. 하지만 통계 조작을 바로잡은 만큼 GDP 증가율 조정도 대폭 이뤄질 예정이다. 네이멍구자치구는 2차산업 비중이 GDP의 47%를 차지한다. 2015년 수치가 맞다면 2016년 이 지역 경제가 13% 감소됐다는 의미다.

그것이 아니라면 2015년 수치도 왜곡됐다는 얘기다. 지난해 6월에도 당중앙 기율검사위원회 전국 순시조는 네이멍구자치구와 지린吉林성의 일부 지역에 통계 조작이 있었다고 지적했다.

랴오닝遼寧성에는 지난해 상반기 명목 GDP가 전년 같은 기간보다 20% 가까이 급감한 기현상도 벌어졌다. 랴오닝성 정부에 따르면 이 지역의 지난해 상반기 명목 GDP는 1조 297억 위안으로 집계됐다. 지난해 같은 기간보다 19.6%나 줄었다. 하지만 랴오닝성의 실질 GDP는 2.2% 증가했다. 지난해 상반기에 랴오닝성의 소비자물가와 생산자물가가 모두 전년보다 상승세를 기록했기 때문에 명목 GDP 증가율은 실질 GDP 증가율보다 더 높아야 정상이다.

《일본경제신문》은 시진핑 국가주석이 앞서 3월 전국인민대표대회 랴오닝성 분과회의에 참석해 "정확한 통계 수치야말로 보기 좋은 것"이라고 강조한 것이 이런 기현상이 벌어진 배경이라고 분석했다. 시 주석이 이례적으로 통계 조작 문제를 거론한 것은 천추파陳求發 당시 랴오닝 성장이 2011~2014년 랴오닝성의 재정수지가 부풀려졌다고 시인한 것을 겨냥했다. 발등에 불이 떨어진 랴오닝성 정부는 부랴부랴 GDP 통계 수정 작업에 돌입했다. 그런데 과거 수치는 그대로 둔 채 지난해 상반기 수치만 실제에 맞추다 보니 명목 GDP가 20%나 감소하는 사태가 벌어진 것이다.

중국 지방정부의 GDP 부풀리기는 사실 어제오늘의 일도 아니고 중국 전역에 만연한 뿌리 깊은 병폐다. 장차오姜超 하이퉁海通증권 이코노미스트는 "중국의 모든 지방정부 GDP를 합친 수치는 항상 중앙정부가 발표한 GDP보다 많았다"고 지적했다. 실제로 2001년 중국 지방정부의 GDP 합계는 중앙정부 발표치보다 10%나 더 많았다. 2015년의 경우 지방정부 발표한 GDP 합계가 중국 국가통계국 발표치보다 4조 6,000억 위안이 많았고 2010년에도 4조 9,000억 위안 차이가 난다. 이 때문에 중국 GDP 공식 통계가 최소한 2~3% 부풀려진 것이라고 미국《월스트리트저널》은 추정했다.

통계 조작이 중국 내륙 지역에서 성행하는 것은 경제성장 둔화로 당국자들의 통계 조작 압박을 많이 받고 있기 때문이다. 네이멍구자치구나 랴오닝성, 지린성은 대표적인 북부 내륙 지역이다. 이들 지역은 석탄과 철강 등 원자재 산업에 의존해 왔으며 중국 정부의 공급 과잉 축소 규제로 경제적으로 직격탄을 맞았다. 광둥성이나 장쑤江蘇성 등 중국 경제성장을 이끄는 해안 지역은 통계 조작이 거의 나타나지 않는다는 것은 가난하고 중공업에 의존하는 북부 지역 관료들이 성장률을 부풀리는 압박을 상대적으로 더 많이 받고 있다는 것으로 해석된다.

통계 조작은 지방 관료가 자신의 인사 평가를 좋게 받기 위해 이뤄지는 경우도 적지 않다. 중앙정부가 지방의 통계 조작 관행을 뿌리 뽑기 위한 대책 마련에 적극적으로 나서는 것도 이런 연유에서다. 중국 지도부는 중앙경제공작회의에서 질적 성장에 맞는 경제지표 체계를 구축하는 게 필수적이라면서 기존의 경제지표인 GDP를 대체할 수 있는 지방 고위관리 평가 시스템을 구축할 예정이라고 밝힌 바 있다.

중국 정부가 정치적 이유 때문에 통계 조작에 개입하기도 한다. 미국 전미경제학회가 지난해 7월 발행한《아메리칸 이코노믹 리뷰 American Economic Review》에 따르면 중국 정부는 정치적 필요에 따라 경제 수치를 부풀리거나 줄이는 경향을 보였다. 미 컬럼비아대 에미 나카무라 부교수와 존 스타인슨, 미아오 리우 이코노미스트 등 세 명의 연구팀은《아메리칸 이코노믹 리뷰》에 기고한 보고서를 통해 중국의 공식 물가상승률 및 경제성장률 지표는 '현실의 매끄럽게 다듬어진 형태 smoothed version of reality'를 반영한다고 주장했다. 이는 중국의 경제지표가 완전히 틀렸다는 것이 아니라 지표의 방향성은 같지만 지표의 고점과 저점이 실제로 발표된 것보다 더 극단적이었을 것이라는 지적이다.

보고서는 "1990년대 말 물가상승률은 실제보다 더 낮게, 경제성장률은 더 높게 보고됐다. 반대로 2005년부터 2007년 사이, 즉 중국 경제가 호황을 보였던 때 물가상승률은 실제보다 더 높게, 경제성장률은 더 낮게 보고됐다고 강조했다. 이들은 중국 공산당 입장에서 물가상승률이 실제보다 높으면 사회 불안이 커질 수 있다고 분석했다. 반대로 경제성장률이 실제보다 높으면 사회 불안을 초래하는 실업률 상승을 억제할 수 있다고《월스트리트저널》이 설명했다. 중국이 발표한 공식 실업률은 2002년 이후 평균 4~4.3%지만 전미경제조사회가 집계한 2002~2009

년 평균 실업률은 11%로 추정된다.

재정 자립도가 좋지 않은 지방정부는 부족한 세수를 메우기 위해 채권 발행으로 자금을 조달하려 하기 때문에 통계 뻥튀기를 하는 경향도 있다. 지방정부는 실적이 좋아 신용등급을 좋게 받으면 저금리에 자금을 조달할 수 있다는 것이다. 문제는 통계 조작을 한 지방정부가 일부가 아니고 더 많을 가능성이 있다는 데 있다. 중국 국가회계조사기관인 국가심계서(감사원에 해당)는 윈난성雲南省과 후난성湖南省, 지린성, 충칭시重慶市 등 4개 성급 지역에 속한 10개 도시가 재정 수입을 허위 신고한 사례가 있다고 공개했다.

중국 정부의 공식 통계가 왜곡됐다면 국제통화기금IMF 등 국제기구의 중국 통계도 왜곡됐다는 뜻이다. 중국 정부가 공개한 공식 통계로 경제 상황을 분석하기 때문이다. 예를 들어 세계기후변화 협상가들은 2014~2016년 중국의 GDP 증가세가 뚜렷했음에도 세계 온실가스 배출량이 늘어나지 않은 점에 '희망'을 품었다. 하지만 중국 경제가 회복됐다는 신호가 감지된 2019년에는 온실가스 배출량이 다시 늘었다. 지난 3년간 중국 경제성장이 둔화되면서 석탄 소비도 줄어 온실가스 배출량이 감소했었는데 경제 회복과 함께 공장 가동이 늘어나면서 다시 석탄 소비가 증가한 것이다. 영국《파이낸셜타임스는》는 "탄소 배출량 감소가 정책 효과 때문이라고 믿는 것과 중국 북부지역의 경기 침체를 반영한 것이라고 보는 것은 큰 차이가 있다"고 분석했다.

이에 따라 중국 정부는 2019년 11월 인공지능 기술을 통해 지방정부의 만성적인 '통계 부풀리기'를 잡아내기 위해 통계법을 개정했다. 통계법 개정안은 지방정부의 통계 조작 행위를 뿌리 뽑기 위해 통계 조작 관련 공직자에 대한 처벌을 강화하고 AI 기술을 적극적으로 활용한다는 것이다. 법안에는 14억 인구에 대한 신뢰할 만한 통계자료를 구축하기 위해 빅데이터, 클라우딩 컴퓨팅, AI와 같은 첨단 기술을 활용하도록 하는 내용이 담겨 있다.

중앙정부가 통계법을 개정한 것은 지속적인 개선 노력에도 불구하고 지방정부 공직자들의 통계 부풀리기 행위가 근절되지 않고 있는 탓이다. 중앙정부는 지방정부 공직자들의 통계 조작 행위를 막기 위해 2012년부터 해당 기업체가 통계자료를 국가통계국에 직접 보고토록 하는 등의 조치를 취했지만 통계 부풀리기는 사라지지 않고 있다. 경제 실적이 나쁜 경우 승진과 보직 등에서 불이익을 받을 수 있다는 지방 공직자들의 우려가 반영된 탓이다. 글로벌 자산운용사인 악사 인베스트먼트 매니저의 아이단 야오 선임 이코노미스트는 지난 6월 "경제성장이 중요하게 취급되는 한 지방 정치 시스템 말단까지 통계 조작행위를 근절하는 것은 매우 어려울 것"이라고 지적했다.

통계 조작 문제는 쉽사리 고쳐지지 않는 중국의 고질병인 만큼 2020년에 들어서도 또다시 불거졌다. 지난 3월 지방정부들이 중앙정부의 요청으로 허위로 제조업 가동 현황을 보고하고 있다고 경제매체인《차이신財新》이 폭로했다. 미 블룸버그통신도 코로나19 사태 확산으로 중국에서 직원이 없는 빈 공장에 에어컨을 켜는 등의 방법으로 전력 소모량을 늘려 공장 가동률을 높이려는 정황이 포착됐다고 전했다. 코로나19 사태 여파로 경기 급락에 대한 우려가 커지자 지방정부들이 중앙정부에 내세울 경제 실적을 만들기 위해 통계 수치를 조작한 것이다.

블룸버그에 따르면 중국 동부 해안의 공업 지역인 저장성浙江省의 3개 도시는 관내 공장들에 전력 사용량 목표를 제시했다. 이들 지방정부가 평소 전력 사용량의 20%에 이르도록 하라는 구두 지침을 내렸다. 중앙정부에 공장 가동 상황을 보여주는 대표적인 지표인 전력 사용량 수치를 높여 보고함으로써 저장성이 다른 지역보다 경제 정상화 속도가 빠르다는 것을 과시하려 했다는 합리적 의심을 하게 만드는 대목이다.

중국의 코로나19 확산세가 한풀 꺾이자 시진핑 국가주석이 직접 나서서 경제 정상화를 독려하자 지방정부에서 통계를 조작하는 정황이 포착됐다는 분석이 나오는 배경이다. 중국 내 공장 대다수는 기계를 돌릴 직원이 없는 만큼 정상 가동이 사실상 불가능한 까닭이다. 중국 정부는 1월 춘제春節(중국 설) 연휴 즈음 코로나19 사태가 급박하게 돌아가자 춘제 연휴 기간을 연장했다. 연휴가 끝나고 난 뒤에도 기업들은 고향에서 돌아온 직원들에게 14일 동안 자가 격리 조치를 취하도록 하는 곳이 많았다.

직원들이 일터로 복귀하기 시작한 것은 2월 말이었다. 직원들이 복귀 후에도 부품이나 자재 수급이 어려워 가동을 못 한 공장도 부지기수다. 이런 상황에서 저장성《타이저우일보臺州日報》는 1면 논평을 통해 "지방정부가 전력 사용량 목표 달성에 집착하는 것은 경제발전에 도움이 되지 않는다"고 비판했다. 블룸버그는 광둥성 등의 경제 현황을 평가할 때 전력 소모량에 주목하며 "저장성뿐 아니라 중국 곳곳에서 전력 소모량 조작이 일어나고 있을 가능성이 있다"고 의혹을 제기한 것이다.

당국의 눈 밖에 날까 봐
전전긍긍하는 대기업들

중국 보험감독관리위원회(이하 보감회)는 2018년 2월 23일 홈페이지를 통해 안방安邦보험의 주주총회와 이사회, 감사위원회 등 모든 경영 조직의 직무를 정지시키고 인민은행 등 5개 부처로 구성된 경영팀이 2019년 2월 22일까지 관리를 맡는다고 밝혔다. 그러면서 대외 채권·채무 관계는 그대로 유지되며 경영팀이 민간자본을 적극 유치해 민영기업으로 유지될 것이라고 말했다.

보감회는 2017년 6월부터 안방보험에 대한 실사를 벌인 결과 보험법을 위반해 회사의 자금상환 능력에 심각한 영향을 줄 수 있다고 판단돼 정상 경영과 보험 가입자의 권익을 보호하기 위해 보험법 규정에 따라 이 같이 결정했다고 배경을 설명했다. 안방보험 창업자인 우샤오후이

전 회장 겸 최고경영자CEO에 대해서는 상하이시 인민검찰원 제1분원이 그를 자금모집 사기와 배임·횡령 등의 혐의로 상하이시 제1중급 인민법원에 제소했다.

중국 대기업들이 밤잠을 설치며 전전긍긍하고 있다. 안방보험의 경영권을 1년간 박탈한 중국 금융당국의 이례적인 행보가 시진핑 국가주석의 집권 2기를 맞아 반부패 및 부채 관리에 고삐를 죌 것이라는 강력한 의지를 보여주고 있는 만큼 '눈 밖에 난' 중국 대기업들에 대한 경고성 메시지라는 분석이 강하게 제기되는 까닭이다. 중국 당국은 앞서 2017년에도 안방보험과 완다萬達그룹 등 대규모 차입을 통해 공격적으로 해외 인수·합병M&A를 해온 대기업에 해외 자산을 매각하도록 종용한 것으로 알려진 만큼 이번에 그 압박의 강도를 더욱 강화했다는 게 전문가들의 대체적인 견해이다.

안방보험은 한국 동양생명을 비롯해 전 세계적으로 왕성한 M&A를 하면서 덩치를 키워 온 중국의 대형 보험사다. 하지만 안방보험의 거침없는 급성장과 갑작스런 몰락의 배경은 베일에 싸여 있다. 2004년 설립된 안방보험의 자본금은 10년 만인 2014년에 619억 위안으로 100배 넘게 부풀리며 중국 보험업계 1위를 차지했다. 총자산은 2016년 말 현재 1조 4,500억 위안이며, 이 중 해외자산이 총자산의 60%가 넘는 9,000억 위안에 이른다.

안방보험이 몸집을 급격히 불릴 수 있었던 것은 덩샤오핑의 둘째 딸인 덩난鄧楠의 딸 덩쥐루이鄧卓芮의 남편인 우 전 회장이 자신의 '황족 혼맥'을 적절히 이용해 '훙얼다이紅二代(혁명원로의 자제)' 그룹과 교분을 튼 뒤 이 같은 '관시關係'를 사업 확장의 수단으로 활용해온 것으로 전해진다. 우 전 회장은 사회주의 중국을 건설한 10대 원수 중 한 명인 천이陳毅 전 부총리의 아들로 28일 사망한 천샤오루陳小魯, 상하이上海자동차그룹 사장 출신인 후마오위안胡茂元 거물들을 동업자로 끌어들인 것으로 알려졌다.

천샤오루가 생전에 이런 의혹을 부인하긴 했지만 그의 3개 회사가 안방보험의 지분 51%를 보유한 실제 소유주인 것으로 알려졌다. 주룽지朱鎔基 전 총리의 아들 주윈라이朱雲來와 대외무역경제합작부 부부장과 세계무역기구 협상 수석대표를 지낸 룽융투龍永圖도 초기 안방보험 이사진이었다는 의혹도 제기됐다.

안방보험이 유명세를 탄 것은 전통을 자랑하는 미국 뉴욕 맨해튼의 월도프 아스토리아 호텔을 2014년 인수하며 미국의 자존심에 상처를 내고 1주일 뒤 벨기에 보험사 피데아의 지분 100%를 집어삼켰기 때문이다. 2016년 11월에는 도널드 트럼프 미국 대통령의 사위 제럴드 쿠슈너 소유의 뉴욕 부동산에 거액의 투자 협상을 벌였으나 무산되기도 했다. 승승장구하던 안방보험의 몰락은 시진핑 주석의 오른팔인 왕치산王岐山 전 공산당 중앙기율검사위 서기가 주도했다는 말이 베이징 정가에 나돌았다.

중국 4대 석유기업 중 하나인 중국화신넝위안공사中國華信能源公司·CEFC

도 중국 당국의 대기업 오너 손보기의 타깃이 됐다는 지적이 나온다. 예젠밍葉簡明 CEFC 회장이 중국 당국의 조사를 받고 있다고 중국 경제매체《차이신》이 전했다.

2014년《포천》의 글로벌 500대 기업에 진입하며 관심을 모은 CEFC는 지난해 매출액은 2,630억 위안에 이른다. 2017년 9월 러시아 국영 석유기업 로스네프트의 지분 14%를 91억 달러에 사들이는 등 석유사업을 포함해 체코, 독일 등 세계 각국 기업에 활발히 투자해왔다. 예 회장 조사는 지난해 11월 미국에서 기소된 패트릭 호 전 홍콩 민정사무국장(장관급)의 돈세탁 혐의와 직접적으로 관련이 있는 것으로 알려졌다. 호전 국장은 당시 아프리카 석유 채굴권 확보에 나선 CEFC를 대리해 차드와 우간다 고위급 인사에게 뇌물을 건넨 혐의를 받고 있다.

이 때문에 해외 M&A로 몸집을 불리다 재정 위기에 처한 다른 대기업들이 중국 당국의 반부패·부채 관리 강화에 따라 비슷한 상황에 처할 수 있다는 우려가 나온다. 영국 로펌 애셔스트의 데미안 화이트헤드 파트너는 "현재 재정위기에 직면한 중국 대기업이 몇 곳 있다"며 "이번 결정은 재정이 감당할 수 없을 만큼 악화하거나 기업지배구조 규범을 위반하는 기업을 정부가 통제할 수 있다는 걸 보여주기 위한 당국의 신호"라고 해석했다.

안방보험과 CEFC에 이어 다음 타깃이 될 수 있는 유력 기업은 해외자산 '사냥'으로 유명한 여행·금융서비스 복합기업 하이항海航·HNA그룹과 최대 부동산 업체인 완다萬達그룹이 꼽힌다. 시장조사 업체 딜로직에 따르면 안방보험과 HNA그룹, 완다그룹은 2016년 전 세계에서 기업 M&A에만 500억 달러 이상을 쏟아부었다. 하지만 2017년 중국 당국이 자본 유출 규제를 강화하면서 그 규모는 전년보다 75%나 급감했다. 인수 자금의 대부분은 차입으로 이루어졌다.

HNA그룹은 2015년부터 2017년 상반기까지 공격적으로 해외 M&A를 벌여왔다. 미 대형 호텔체인 힐튼 월드와이드홀딩스와 독일 도이치뱅크의 지분을 사들여 최대 주주가 되는 등 공개된 주요 해외 M&A만 해도 80여 건에 이른다. 부동산 시장조사업체 리얼캐피털 애널리틱스에 따르면 HNA그룹이 보유한 해외 부동산 규모는 140억 달러에 이른다.

중국 당국이 자금줄을 조이면서 HNA그룹은 지난해 하반기부터 유동성 위기에 처한 것으로 알려졌다. 2017년 11월 기준 장단기 부채는 전년보다 36% 증가한 6,375억 위안이고, 자회사 부채를 포함하면 무려 1조 위안에 이른다. 2018년 1분기에만 650억 위안의 부채를 갚아야 하는 것으로 알려졌다. HNA그룹은 2018년 1월 호주 시드니에 있는 건물을 블랙스톤그룹에 165만 달러에 내다 파는 등 해외 부동산 매각에 나섰다.

1988년 설립된 완다그룹은 권력층의 비호를 받아 부동산 개발에 잇따라 성공하며 왕젠린王健林 회장이 지난 몇 년간 중국 최고 갑부로 등극하기도 했다. 2000년대 들어 해외로 눈을 돌린 완다그룹은 미 로스앤젤레스와 시카고, 터키 이스탄불 등 세계 대도시의 부동산을 거침없이 먹어치웠다.

그러나 부동산 개발사업이 한계에 도달할 조짐을 보이자 재빨리 엔터테인먼트 사업으로 눈을 돌려 영역을 지속적으로 확대해왔다. 2012년 미국 2위 극장체인 AMC를 인수한 데 이어 2016년 유럽 최대 극장체인 오디언&UCI시네마와 영화 〈쥬라기월드〉의 제작사로 유명한 할리우드의 레전더리 픽처스를 인수하며 '엔터테인먼트 제국'을 건설하는 듯했으나 2017년 6월 당국이 조사에 나서면서 추락하기 시작했다. 7월에는 테마파크와 쇼핑센터·호텔 등으로 이뤄진 문화·관광 프로젝트 지분 91%와 호텔 76곳을 632억 위안에 파는 등 해외 부동산 매각에 안간힘을 썼다.

빚으로 쌓아올리는
중국 고속철 사업

중국의 고질적인 문제는 통계 조작과 정부의 압박에만 있는 것이 아니다. 중국 정부의 부채가 늘어나는 것은 생각지 않고 사업 확장에만 열을 올리고 있다는 것이 가장 큰 문제다.

지난 2019년 12월 30일, 수도 베이징北京과 2020년 베이징 겨울올림픽의 공동 개최지인 허베이河北성 장자커우張家口를 잇는 고속철이 첫 공식 운행에 들어갔다. 174㎞ 길이를 잇는 이 구간은 산악도로와 고속도로를 달리다 보면 5시간이 걸리고, 일반 열차로는 3시간가량 소요되는 거리다. 하지만 고속철은 최고 시속 350㎞로 달리는 만큼 47분밖에 걸리지 않는다.

중국 고속철 푸싱復興호를 개량한 이 고속철은 위성항법시스템GPS과 운행 중 자기 점검 장치가 도입돼 기관사 없이 자율주행으로 달린다. 관영 중국중앙방송CCTV은 "중국 고속철 가운데 처음으로 베이더우北斗 시스템을 장착했다"고 소개했다. 중국이 미국의 GPS를 대체하기 위해 독자적으로 개발한 '베이더우'를 고속철의 자동 운행에 적용하며 본격 활용에 나선 것이다.

이 고속철은 위성에서 받은 위치정보 등을 바탕으로 직선 구간에서 속도를 끌어올리고 곡선 구간에서 속도를 자동적으로 떨어뜨린다. 정거장에서 자동 출발하고 정차할 뿐 아니라 열차 문의 여닫기와 플랫폼 연동 등의 고속철의 전 과정이 자율주행 시스템으로 이뤄진다. 기관사는 고속철을 '감독'하는 역할만 수행할 뿐이다. 시속 350㎞ 고속철에 무인 시스템을 도입해 세계 최초의 무인 고속철 시대를 연 것이다.

이같이 화려한 외양과는 달리 중국 고속철도는 빚더미에 올라 있다. 미국과의 무역전쟁과 급속한 경기 하강세, 코로나19 바이러스 사태의 확산 등 중국 경제에 '트리플 초대형 악재'가 뒤덮고 있는 판국에 중국 정부가 경기 부양 효과가 큰 고속철 건설에 돈을 퍼붓는 통에 중국국가철로그룹中國鐵路의 부채가 눈덩이처럼 불어나고 있는 것이다.

국가철로그룹의 부채 규모(2019년 9월 기준)는 한국 1년 예산의 2배에 가까운 무려 5조 4,000억 위안에 이른다고 《사우스차이나모닝포스트》가 지적했다. 전체 자산의 65.6%를 차지한다. 국가철로그룹이 해마다 갚아야 하는 이자만도 무려 800억 위안에 달한다. 한국철도공사의 부채(약 12조 원) 규모를 웃도는 수치다. 물론 국가철로그룹의 자산이 많다 보니 부채 비율이 매우 높은 편은 아니지만, 부채 증가 속도가 너무 빠르다는 게 문제다. 2013년 1분기 2조 8,400만 위안이었던 부채가 불과 6년 만에 100% 가까이 폭증한 것이다.

특히 이런 부채 부담이 지방정부에 큰 위험 요인이 될 수 있다. 자오젠趙堅 베이징자오퉁대학 교수는 "현재 중국 지방정부의 고속철 관련 부채 규모는 2조 달러에 이른다"며 "이들 부채의 대부분은 금융당국의 제재를 받지 않는 그림자 금융에 의해 조달된 만큼 공식 통계에는 잡히지 않는다"고 지적했다.

중국은 2000년대 초반 고속철도 사업에 뛰어들어 2008년 베이징 여름올림픽 개막 직전 베이징~톈진天津을 잇는 고속철을 처음 개통한 바 있다. 2009년부터 10년간 중국이 건설한 고속철도망은 2만 5,000km에 이른다. 올해까지 고속철 구간을 3만km로 늘리고 5년 뒤에는 3만 8,000km까지 확대한다는 청사진을 마련했다. 세계 고속철의 3분의 2가 중국 대륙에 깔려 있는 셈이다.

루둥푸陸東福 국가철로그룹 최고경영자는 "올해 말 중국 철도의 총 길이는 15만㎞로 늘어나고 인구 20만 명 이상의 대도시 대부분이 철도로 연결된다"며 "이 중 고속철은 3만㎞에 달해 대도시 80% 이상이 고속철로 연결된다"고 야심 찬 포부를 밝혔다. 중국은 국내에서 고속철을 공격적으로 늘리며 축적한 기술을 바탕으로 세계 시장을 적극적으로 공략하고 있다. 인도네시아와 파키스탄, 태국, 헝가리 시장에 진출한 것이 대표적이다. 중국은 독자적인 자체 기술을 통해 102개국과 고속철 수출 계약을 맺었다. 액수로만 따져도 1,430억 달러 규모다. 세계 철도 차량 시장 점유율은 30%를 돌파했다. '철도굴기'를 이루고 있는 셈이다.

중국 정부가 고속철에 돈을 퍼붓는 이유는 간단하다. 이 고속철 사업이 가져오는 경제적 파급 효과가 그만큼 크기 때문이다. 사회 안정을 위해서는 6%대 경제성장률을 지켜야 하는 중국 정부는 장기적이고 안정적인 성장 동력이 무엇보다 절실하고, 이를 가능케 할 인프라 투자의 핵심으로 고속철 건설을 꼽고 있다. 중국 고속철이 국가 주도 개발 모델의 핵심 요소로 안정적인 경제 성장을 뒷받침하고 있다는 얘기다.

중국 정부는 2009년 이후 철도에 1조 달러 이상을 퍼부었다. 경제성장률이 떨어지고 미국과의 무역전쟁 등으로 경기 둔화 지속이 우려되는 상황에서, 고속철 건설이 가져오는 부수적인 효과가 투자와 소비를 자극할 수 있다고 기대하고 있는 것이다. 세계은행은 2015년 중국 고속철 시스템의 투자 수익률이 8%로 대부분의 다른 국가들의 주요 장기

인프라 투자 수익률보다 높다고 추정했다. 고속철도 건설로 생긴 새로운 역들 주변에 호텔과 오피스 타워, 주거 단지 등 도시 클러스터(산업집적단지)들이 자연스럽게 형성되는 까닭이다. 마틴 레이저 세계은행 동북아시아 담당 국장은 "사업이 철도 부문을 넘어 도시개발 방식, 관광업, 지역경제 성장 촉진 등에도 영향을 미치고 있다"고 설명했다.

고속철 건설 사업은 국가적 자부심을 높여주는 데도 일조한다. 중국은 프랑스나 독일보다 고속철 부문에서 후발주자였으나, '중국만의 독자 기술'로 고속철 시장을 압도하고 있다는 애국심을 불러일으키고 있다. 베이징~장자커우 노선을 이용하는 한 승객은 "우리 고속철은 미국 루즈벨트 대통령의 '뉴딜정책'과 같다"며 "우리만의 기술을 사용하는 것도 중국인들 스스로 자랑스럽게 만든다"고 말했다.

이런 연유로 무거운 부채 부담에도 중국 경제기획 부처인 국가발전개혁위원회는 2020년 철도 투자에 8,000억 위안을 배정했다. 2016~2020년 중국 철도 전체 투자액은 4조 위안으로 5개년 개발계획에 명시된 3조 5,000억 위안보다 14% 늘어났다. 2019년 12월엔 1,296억 위안 규모의 3개 고속철 사업을 한꺼번에 승인하기도 했다. 중국 국무원이 지방정부에 올해 부채를 줄이기 위해 허리띠를 졸라매라고 주문하고 있지만 고속철만큼은 예외인 셈이다. 후웨이쥔胡偉俊 홍콩 맥콰이어 캐피털 수석 이코노미스트는 "인프라 건설이 경기 부양책이 될 순 있으나 정부 부채가 늘어나는 건 명백하고, 디레버리징deleveraging(부채 축소)

과 경제 활성화 모두를 잡을 순 없다"고 밝혔다.

상황이 이런 만큼 이른 시일 내 효과적 대책을 마련하지 않으면 과거 경험하지 못한 어려움에 직면할 수 있다. 중국 고속철 부채 문제가 자 칫하면 중국 경제의 '회색 코뿔소'가 될 것이라는 경고가 나오는 배경이 다. 자오젠 교수는 "사실상 베이징~상하이, 광저우 등을 잇는 주요 간 선 노선을 제외하면 다른 노선은 거의 수익을 낼 수 없다"며 "중국은 비 용이 많이 들고 야간 유지 보수가 필요한 고속철도 대신 일반 철도 건 설을 우선시해야 한다"고 강조했다.

중국 고속철의 급속한 확장에 따른 안전 문제에 대한 우려도 나온 다. 중국에선 2011년 저장성 원저우溫州 고속열차의 충돌로 40명이 사망 하고 수백 명이 부상하는 대형 사고가 발생했다. 더욱이 중국은 1990년 대 고속철 자체 개발에 나서 차량을 완성했지만, 고장이 잦아 실용화에 실패하는 바람에 2004년부터 외국으로부터 기술을 도입하는 방향을 선 회했다. 일본과 유럽, 캐나다에서 차량기술을 도입했고 지상 장비, 운 행관리시스템 기술을 조각조각 세계 각국에서 도입하다 보니 종합운행 관리 시스템에 문제가 생길 수 있다는 지적들이 제기돼 왔다. 여기에다 안전 시공보다는 공기工期(공사기간) 단축을 중시하는 풍토도 문제점으로 지적된다.

중국 고속철도 사업에
적신호 켜진 까닭은?

중국의 고속철도 사업에 적신호가 켜졌다. 중국이 '일대일로'의 기반 사업으로 해외에서 공격적으로 추진해 온 고속철 건설사업이 현지 정부와의 갈등으로 무산되거나 건설 비용과 설계 변경 등을 둘러싼 논란으로 공사가 중단되는 사례가 속출하고 있는 데다가, 중국 정부의 경기부양 수단으로 동원되며 부채마저 눈덩이처럼 불어나기 때문이다.

중국은 지난 6월 예상을 뒤엎고 일본을 따돌리며 동남아에서 처음으로 수주한 인도네시아 고속철도 사업이 난관에 부딪혔다. 수도 자카르타와 제3도시 반둥을 잇는 150㎞ 구간의 고속철 건설사업은 2016년 초 착공식을 하고 본격 공사에 들어갔다. 하지만 현지의 복잡한 토지 수용 절차와 설계 변경 등으로 난항을 겪으며 2018년 완공 예정일을 넘겨 계속 미뤄지는 바람에 인도네시아가 일본에 긴급 참여를 요청한 탓이다.

《일본경제신문》은 "이 사업의 토지 수용 문제가 난항을 겪으며 2018년 준공 예정이던 사업의 준공일이 2021년으로 연기됐다"며 "2020년 코로나19 사태가 터져 공사가 일시 중단되자 준공일이 또다시 2022년으로 연기되는 바람에 인도네시아 정부의 다급해진 것같다"고 전했다. 더욱이 인도네시아 정부가 관련 사업을 재검토한 결과 당초 55억 달러로 예상했던 사업비는 설계 변경과 공기 지연 탓에 60억 달러로 늘어날 전망이다. 이에 따라 조코 위도도Joko Widodo 인도네시아 대통령이 직접 나서 해당 사업에 일본 건설사 참여 방안 모색할 것을 지시한 것으로 알려졌다.

미국에서 추진한 고속철은 사업 자체가 아예 없었던 일이 됐다. 중국철로국제공사는 2015년 미 엑스프레스웨스트XpressWest와 컨소시엄을 구성해 사업비 127억 달러를 들여 로스앤젤레스와 라스베이거스를 연결하는 370km 구간에 고속철을 건설하기로 합의했지만 2016년 6월 미국 측이 전격 계약을 취소했다. 토니 마넬Tony Marnell 엑스프레스웨스트 최고경영자는 "고속철 차량을 미국 내에서 생산해야 한다"는 미 정부의 요구를 중국 측이 받아들이기 힘들 것이라는 점을 내세워 취소했다고 해명했다. 미국에서 13억 달러 규모의 지하철 차량 수주에 성공해 선진국 시장에서 고속철 기술 수출에 전기를 마련한 데 이어 이 사업을 고속철 굴기의 상징으로 내세웠던 중국으로서는 치명적인 타격이었다.

정치 불안과 경제난은 또 다른 악재다. 중국은 리비아에서 수도 트리폴리와 전 국가원수 무아마르 카다피의 고향 시르테를 잇는 35억 달러 규모의 고속철 사업을 수주했다. 그러나 2011년 '아랍의 봄' 여파로 카다피 정권이 무너지면서 이 사업은 백지화됐다. 남미 베네수엘라에서는 총연장 468㎞의 고속철 사업을 2007년 수주했으나 베네수엘라 정부의 재정난이 극심해지면서 언제 사업을 시작할 수 있을지 기약이 없는 상황이다. 중국 정부가 베네수엘라에 650억 달러의 차관을 제공하고 이 자금으로 고속철도 등 인프라 건설을 하기로 한 것이다. 그런데 국제유가 급락으로 베네수엘라가 중국에 제때 차관을 갚지 못하는 바람에 고속철 사업이 완공 시기인 2012년을 넘기고도 8년이나 지난 만큼 사실상 무산됐다고 봐야 한다.

중국이 수주한 멕시코의 고속철 사업도 입찰 과정의 투명성을 이유로 2014년 멕시코 정부가 갑작스레 취소해 버렸다. 2014년 완공된 터키 앙카라~이스탄불 구간 외에는 해외 수주 중국 고속철 건설사업은 아예 착공조차 못한 곳이 많다. 영국《파이낸셜타임스Financial Times》는 이를 두고 "중국의 철도 외교가 실패로 돌아가고 있다"고 지적했다. 이는 중국이 현지의 실질적 이익을 고려하지 않는다는 비판이 비등하면서 현지 주민들 사이에 거부감이 커졌다는 게 전문가들의 분석이다.

강력한 라이벌도 등장했다. 프랑스 고속철도 테제베TGV 제조사인 알스톰Alstom이 2020년 2월 캐나다 항공기·열차 제조업체 봉바르디에Bombardier의 열차 부문을 70억 달러에 인수한 것이다. 유럽 고속철 시장의 최강자인 알스톰이 글로벌 시장에서 세계 최대 업체인 중국 국유기업 중궈중처中國中車·CRRC에 맞서기 위해서다.《월스트리트저널》은 이 합병에 대해 "CRRC에 대항하기 위해 알스톰이 회사 규모를 키우려는 전략"이라고 분석했다. 알스톰의 열차 부문은 35%의 점유율로 유럽 시장에서 수위를 달리고 있지만 세계 시장에서는 점유율 7% 수준에 불과하다. 알스톰은 유럽 시장의 성장이 정체에 다다른 만큼 미래 지속가능성장의 기반이 될 아시아·태평양 지역에서 시장 점유율을 높이기 위해서는 인수·합병을 통한 몸집 불리기를 통해 CRRC와 정면 승부를 해야하는 상황에 놓인 것이다.

CRRC는 2014년 말에 중국 고속철 시장의 양대 공급자인 중궈난처中國南車·CSR와 중궈베이처中國北車·CNR가 합병된 '공룡 기업'이다. CRRC는 유럽 고속철 시장에서는 '홈그라운드의 이점'이 있는 알스톰에 시장 1위 자리를 내주고 있지만, 글로벌 점유율에서는 아·태 지역을 기반으로 세계 시장의 60% 이상을 차지하고 있는 글로벌 최강자다. 이 때문에 알스톰은 2017년부터 독일 지멘스와 열차 부문 합병을 추진했지만 유럽연합EU이 알스톰의 유럽 시장 독주를 내세워 승인을 거부해 합병은 무산됐다. 하지만 EU 집행위원회는 2020년, 알스톰이 봉바르디에 철도부문을 인수하는 것을 승인했다.

강력한 라이벌의 등장과 더불어 앞서 이야기한 바 있듯이 중국 고속철 사업이 빚더미에 올라 있다는 점도 중국 철도 사업을 가로막는 장벽이라고 할 수 있다. 미국과의 무역전쟁과 코로나19 사태에 따른 급속한 경기 하강세 등 중국 경제에 초대형 악재가 뒤덮고 있는 판국에 중국 정부가 경기부양 효과가 큰 고속철 건설에 돈을 퍼부어, 중국국가철로그룹中國鐵路의 부채가 눈덩이처럼 불어나고 있다.

하지만 이런 악조건 속에서도 희망이 엿보인다. 최근 중국 고속철 사업의 '굴기'의 불씨가 되살아나고 있는 것이다. 중국의 공격적인 고속철 기술 개발과 저렴한 건설 비용을 활용해 해외 진출이 활발해지고, 고속철 건설 업체가 주식시장 상장을 통해 자금조달에 나서 부채 문제 해결에 청신호를 보이면서 성장에 탄력을 붙이고 있다. 중국 상무부에 따르면 중국은 102개국과 고속철 수입 계약을 맺었다.

중국이 고속철 분야의 후발주자지만 공격적으로 고속철을 늘리며 축적한 기술과 저렴한 건설 비용을 앞세워 인도네시아와 파키스탄, 태국, 헝가리의 고속철 사업을 잇달아 수주하는 기염을 토했다. 2016년 상반기에만 22억 6,000만 달러 규모의 수출 물량을 수주하는 등 계약 액수로는 1,430억 달러에 이른다. 세계 철도 차량 시장 점유율은 30%를 돌파했다. 특히 철도사업의 해외 진출은 중국 정부가 야심 차게 추진 중인 '일대일로' 사업과 대부분 맞물려 있다. 중앙아시아~중동~동유럽 ~서유럽으로 이어지는 화물열차 노선은 2016년부터 정례화했고, 해상 무역로 개척과 맞물린 동남아~중동은 신규 철도 건설과 고속철 수출이 주를 이루고 있다.

중단됐던 해외 고속철 사업도 재개되고 있다. 중국과 태국을 연결하는 중국형 고속철도 건설사업이 3년 만인 2017년 12월 첫 삽을 떴다. 태국 수도 방콕과 나콘 라차시마를 연결하는 250㎞ 구간의 고속철도 1단계 사업 가운데 3.5㎞ 구간 공사를 먼저 시작한 것이다. 최고 시속 250㎞

의 고속철도가 운행하면 현재 차량으로 4~5시간 걸리는 이 구간의 이동 시간이 90분으로 대폭 단축된다. 하지만 2014년 합의된 이 사업은 태국 정부와 중국 측이 환경영향평가와 건설비용 등을 둘러싸고 마찰을 빚는 바람에 건설 공사가 연기됐다. 더욱이 이 사업의 예산을 당초 160억 달러 수준으로 잡았던 중국 측은 태국 정부의 재정난으로 인해 예산을 3분의 1에 불과한 52억 달러로 줄여야 하는 등 우여곡절을 겪기도 했다.

중국은 2020년 4월 헝가리 부다페스트~세르비아 350㎞ 고속철 건설 사업을 6년 만에 재개하게 됐다. 중국은 이 고속철도 사업을 위해 헝가리에 20억 달러 규모의 차관을 제공했다. 중국 정부는 이 노선을 바탕으로 마케도니아를 통과해 그리스 동남부 항구도시 피레에프스까지 연결할 계획이다. 중국은 유럽 최대 규모 컨테이너 항만 중 하나인 피레에프스까지 연결해 중국산 의류, 기계, 가전기기, 자동차 부품 등을 유럽 시장에 내다 파는 물류 핵심 기지로 삼을 계획이다. 중국의 대규모 자본이 투입되는 이 사업은 원래 2017년 완공될 예정이었다.

고속철 부채 문제도 숨통이 틔었다. 중국 정부가 처음 기업 공개에 나선 고속철 사업 단위인 베이징~상하이 고속철 운영사가 지난 1월 기업공개IPO를 통해 306억 7,000만 위안 규모의 자금을 조달한 것이다. 공모계획보다 무려 126배 많은 청약이 들어왔을 정도로 주목을 받았다. 베이징~상하이 고속철 운영사의 인기는 세계 최대 규모의 중국 철도 산업에 대한 투자자들의 확신을 반영하는 것이라고《사우스차이나모닝포스트》는 분석했다. 이 회사의 상장은 중국 정부가 막대한 재원이 필요한 고속철 건설에 정부 자금 외에도 자본시장에서 조달한 자금도 투입하기로 전략을 바뀌었음을 보여준다.

중국을 가로막는
거대한 장벽

테슬라,
중국 전기자동차의 학살자

테슬라가 '중국 전기자동차 학살'을 시작했다. 미국 전기차 업체 테슬라가 중국산 모델3의 가격을 전격 인하한 것은 미·중 무역전쟁 등에 따른 중국경제 급속한 둔화와 보조금 삭감으로 가뜩이나 어려운 중국 전기차에 시합을 끝내는 '피니시 블로'를 날린 것과 같다고 중국 3대 유력 경제지인 《21세기경제보도21世紀經濟報道》가 보도했다.

테슬라는 지난 3일 상하이 기가팩토리(테슬라의 전기차·부품공장)에서 생산된 중국산 모델3 가격을 33만 100위안에서 9%가량 낮춘 29만

9,050위안에 판매한다고 밝혔다. 가격 인하를 통해 세계 최대시장인 중국에서 승부수를 던진 테슬라가 비용 관리와 시장 점유율 확대에 자신감을 과시했다는 분석이다.

테슬라는 앞서 2019년 말 중국 상하이 공장에서 생산한 모델3를 자사 직원 15명에게 인도하며 본격 판매를 널리 알렸다. 상하이 공장 착공식 후 357일 만에 생산 차량을 인도함으로써 중국에 진출한 글로벌 자동차업체 가운데 최단 기록을 경신했다. 중국산 모델3는 17일부터 일반에 인도됐다. 중국 시장이 예상치 못했던 테슬라의 가격 인하로 중국산 모델3의 가격 경쟁력이 크게 높아질 것이라는 시각이 지배적이다. 《21세기경제보도》는 "시장 관계자들은 이번 할인 조치가 다른 신에너지 차량 제조사는 물론 전통적인 화석연료 차량 제조사에도 충격을 줄 것"이라고 지적했다.

특히 테슬라는 중국산 모델3에 중국 부품을 사용해 비용을 낮추는 안을 고려하고 있다. 전문가들은 "중국 내에서 부품을 조달하면 20% 혹은 그 이상 비용을 줄일 수 있다"고 내다봤다. 안신安信증권도 보고서를 통해 중국산 모델3의 중국산 부품 비중이 현재 30%에서 연내 100% 수준으로 높아질 것으로 예상되는 만큼 테슬라가 모델3의 가격을 인하할 여력이 충분하다고 전망했다. 테슬라는 상하이 공장의 제작비가 미국 공장의 65% 수준이라고 공개한 바 있다. 중국산 제품을 구입하면 소비세 10%를 감면받는 까닭에 테슬라는 비야디比亞迪·BYD 등 중국 전기차

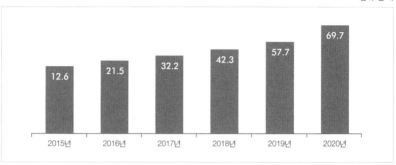

중국 전기자동차 시장 전망

단위: 만 대

2015년	2016년	2017년	2018년	2019년	2020년
12.6	21.5	32.2	42.3	57.7	69.7

자료: IHS

업체엔 커다란 위협으로 등장한 것이다.

중국의 자동차 시장은 미·중 무역전쟁과 급속한 경기둔화의 여파로 소비 심리가 얼어붙는 바람에 2018년과 2019년 2년 연속 마이너스 성장을 기록했다. 더군다나 2019년 하반기부터는 중국 정부의 신에너지 차량 보조금이 급감하면서 화석 연료 자동차에 비해 그나마 판매가 양호했던 전기차 등 신에너지 차량 판매 역시 뒷걸음질 치고 있다. 하지만 중국 정부의 보조금이 거의 사라져 중국 업체들에게 유리했던 '기울어진 운동장'이 바로잡히고 본격적인 적자생존의 시대가 열리면서 테슬라에는 큰 기회의 창이 열렸다.

본격적으로 중국산 전기차 차량이 시장에 투입되기도 전인 지난해 1~9월 테슬라의 중국 시장 자동차 판매액은 23억 1,800만 달러에 이른다. 2018년 같은 기간보다 무려 60.4% 증가했다. 이 덕분에 고율 관세와 미·중 무역전쟁이라는 정치·경제적 리스크를 피해 미국을 포함한 많은 글로벌 기업들이 동남아 등 제3국으로 생산시설을 옮기는 일이 잇따랐다. 하지만 창업자인 일론 머스크가 이끄는 테슬라는 이와는 거꾸로 세계 최대 규모의 전기차 시장인 중국에 '올인'을 했다.

테슬라는 지난해 1월부터 상하이 린강臨港 산업구에서 기가팩토리 건설 공사를 착수했다. 미국과의 무역전쟁에 신음하던 중국 정부는 테슬라의 대규모 투자를 대대적으로 환영했다. 중국 정부의 전폭적인 지원 속에서 불과 1년도 되지 않아 준공에서부터 양산 허가 획득까지 전 과정을 초고속으로 마무리했다. 테슬라 상하이공장에서는 우선 연간 15만 대 가량을 생산하며 장기적으로는 모델Y를 포함해 50만 대까지 생산량을 늘릴 예정이다. 이 공장에는 500억 위안이 투자될 예정이다. 이로 인해 테슬라는 상하이 역사상 최대 규모의 외국인 기업 투자로 기록됐다.

테슬라는 이와 함께 중국 현지 제조 부품을 최대한 활용해 생산원가를 대폭 낮춰 차량 가격을 끌어내릴 방침이다. 테슬라가 차량 가격을 낮추면 독일 BMW나 다임러, 아우디 등과 중국 전기차 시장 경쟁에서 한발 앞설 것으로 예상된다. 미국 친환경기술 정보업체 클린 테크니카에 따르면 2019년 전 세계에 판매된 전기차 중에서 테슬라의 제품이 16%를 차지했다고 한다.

이 중 12.5%가 모델3이다. 2019년 10월 말 기준 22만 1,274대가 판매됐다. 테슬라는 2019년에는 전년보다 50% 증가한 36만 7,500여 대의 차량을 인도했다고 밝혔다. 4분기에는 10만 5,000대의 전기차를 인도하기도 했다. 모델별로 모델S와 모델X를 합해 1만 7,933대, 모델3는 8만 6,958대가 생산됐다. 모델3는 모델S와 모델X보다 저렴한 차종으로 세계적으로 큰 인기를 끌고 있다. 실제로 2019년 11월까지 북미 시장에서 판매된 모델3는 12만 대에 이른다. 전기차로는 이례적인 대성공이다.

테슬라의 폭풍 질주와는 반대로 중국 전기차 업체는 크게 휘청거리고 있다. '중국판 테슬라'의 탄생을 꿈꾸며 중국 정부가 10년간 전기차 업계에 수십억 달러를 퍼부었지만 지원금이 유용된 데다 보조금이 폐지되는 시점에 경기 둔화까지 겹치는 바람에 중국 전기차 업계에 찬바람이 불고 있다. 시장조사업체 SNE리서치에 따르면 지난해 11월 중국 전기차 판매량은 지난해 같은 기간보다 37.7% 줄었다. 유형별로는 순수전기차BEV는 5개월 연속, 플러그인 하이브리드PHEV는 7개월 내리 감소했다.

중국 정부가 신에너지 차량 개발이라는 야심 찬 포부를 갖게 된 것은 10여 년 전 독일의 아우디 엔지니어 출신인 완강萬鋼 중국 인민정치협상회의(정협) 부주석이 귀국해 2007년 과학기술부장을 맡게 된 이후부터다. 그는 중국 정부가 새로운 에너지 차량 개발에 수십억 달러를 투자하는 국가전략을 펼치도록 중국 지도부를 설득하는 데 성공했다.

중국 정부의 전폭적인 지원을 받은 벤처 사업가들은 수년간에 걸쳐 전기차 산업에 수십억 달러를 쏟아부었다. 전기차 업체가 500개나 설립되면서 중국은 배터리 기술의 선두주자로 떠올랐다. 하지만 2019년부터 미·중 무역전쟁이 심화되고 중국 경기가 급속히 하강하면서 판매가 부진해 일부 전기차 기업들은 잇따라 파산했다. 신에너지차에 대한 보조금까지 올해 단계적으로 축소될 예정이어서 판매량 감소는 더욱 가속화할 전망이다.

이에 따라 '중국판 테슬라'라며 2018년 뉴욕 증시에 상장한 웨이라이蔚來·NIO의 주가는 지난 한 해 50% 곤두박질치는 쓴맛을 봤다. 지난해 11월에는 알리바바그룹의 지원받는 샤오펑小鵬·XPeng자동차가 4억 달러 유치에 나섰고, 비야디BYD는 지난해 3분기 순이익이 전년보다 130%나 감소했다. 전기차 선두그룹의 기업들이 부실한 성적표를 내자 전기차 분야의 열기가 급속히 가라앉았다.

여기에다 일부 기업들이 지원금을 대규모로 유용한 사실이 드러나는 악재까지 겹쳐 소비자들의 반감을 사면서 신차 판매 증가세가 빠르게 둔화됐다. 중국 재정부에 따르면 2009~2015년 중앙정부는 적어도 334억 위안의 지원금을 지출했다. 이에 전기차 붐이 일면서 2014년 신에너지차는 전년보다 4배 이상 판매됐고 2015년에도 4배 이상 늘어난 33만 대가 팔렸다. 하지만 2016년 들어 재정부가 5개 기업이 10억 위안 이상의 지원금을 부당하게 받은 것을 적발하면서 그해 신에너지차 판매는 53% 증가에 그쳐 상승세에 찬물을 끼얹었다.

현재 글로벌 전기차 배터리 제조업체 1위는 중국의 닝더스다이寧德時

代·CATL다. 중국 내에 판매되는 전기차의 경우 자국의 배터리 업체가 아닌 경우 보조금 지급을 제한한 정책 덕분이다. 이 같은 위세 역시 보조금이 축소되면 수년 내에 한풀 꺾일 것으로 보인다. 자국산 전기차 부품이 아닐 경우 지원금을 지급하지 않았던 중국 정부의 지원정책은 오는 2021년 종료될 예정이다.

벼랑 끝으로 내몰리는
중국 전기차 스타트업

중국 전기자동차 스타트업들이 2019년 들어 벼랑 끝으로 내몰리고 있다. 테슬라의 영향뿐 아니라 중국 전기차 시장의 급성장세에 힘입어 전기차 스타트업들이 우후죽순처럼 생겨나고 있는 데다 중국 정부의 보조금 삭감이 비야디 등 전기차 대기업들과는 달리 이들 신생 업체들에 치명상을 입히고 있는 것이다.

글로벌 전기차 전문가들은 지난해부터 과도하게 난립하고 있는 중국 전기차 스타트업에 대해 우려를 나타냈다. 우선 중국 전기차 스타트업의 공급이 수요보다 과도하게 늘어나고 있다는 점을 지적했다. 블룸버그통신에 따르면 현재 중국에 등록된 전기차 제조업체는 2년 전보다 무려 3배나 증가한 486곳에 이른다.

전통 자동차메이커뿐 아니라 글로벌 자동차업체, 첨단기술을 장착한 IT업체들이 너도나도 중국 전기차 시장에 뛰어들고 있다. 지난 2011년부터 전기차 시장에 진출한 업체들은 아이폰 조립업체인 대만 훙하이정밀鴻海精密·Foxconn, 중국 최대 전자상거래업체 알리바바그룹, 부동산 대기업인 헝다恒大·Evergrande그룹 등이다.

이에 따라 지금까지 전기차 스타트업에 투입된 금액은 모두 180억 달러에 이른다. 이 중 웨이라이와 웨이마威馬·WM자동차, 헝다그룹의 궈닝國能·NEVS 등 10개 기업이 150억 8,000만 달러를 독차지했다. 웨이라이는 검색엔진 바이두百度와 인터넷서비스업체 텅쉰騰訊·Tencent홀딩스 등으로부터 10억 달러를 투자받아 2014년에 설립됐다. 웨이라이는 올해까지 미국 내 자율주행 전기차에도 진출할 계획이다. 헝다그룹은 지난해 2월 광둥廣東성 광저우廣州시에 20억 달러 규모를 투자해 헝다신넝위안자동차恒大新能源汽车(헝다신에너지자동차)를 설립했다. 헝다그룹은 헝다신넝위안자동차를 향후 5년 이내 세계에서 가장 큰 전기차 제조업체로 키운다는 것을 목표로 삼고 있다.

하지만 중국 전기차 시장에 진출하는 업체들이 급증하는 것에 비해 중국 내 전기차 수요는 미지근한 편이다. 중국 내 전기차 판매량은 2018년 사상 처음으로 100만 대를 돌파하며 130만 대를 기록했다. 하지만 2018년 전체 자동차 판매량인 2,370만 대의 4%에 불과하다. 블룸버그통신은 "전기차 판매량이 100만 대를 돌파한 것은 중국 정부의 보조금 지원 덕분"이라며 "중국의 전기차 시장은 크지만 자동차산업에 막대한 영향을 끼칠 수 있을 만큼 거대하지는 않다"고 전했다.

더구나 중국의 전체 승용차 판매량은 미·중 무역전쟁과 경기 둔화의 여파로 20여 년 만에 처음으로 전년보다 마이너스를 기록해 중국의 소비 심리가 급속히 위축되고 있는 모양새다. 이 때문에 2018년 3월 기준 중국 자동차 판매량은 10개월 연속 감소했다. 사정이 이렇다 보니 500개에 가까운 전기차 업체들을 먹여 살리기에는 턱없이 부족하다.

전기차 업체들이 수익성을 유지하기 위해서는 통상적으로 1년에 몇 만 대의 전기차를 생산해야 하는 것으로 알려졌다. 독일 자동차 전문 컨설팅업체 롤랜드버거의 토마스 팡Thomas Fang 애널리스트는 "시장 과 열로 조만간 엄청난 파도가 중국 전기차 시장을 덮칠 것"이라며 "전기차 스타트업의 생사를 가를 중요한 순간이 될 것"이라고 경고했다.

이런 마당에 전기차 판매량의 80~90%는 웨이라이·웨이마·궈닝·샤오펑자동차 등 10대 메이커가 소화하고 있다. 이 때문에 나머지 476개 업체가 20만 대에 불과한 생산 규모를 서로 차지하기 위해 피 튀기는 경합을 벌이는 양상이다. 이런 정도의 생산 규모로는 이들 476개 메이커는 절대 생산라인을 풀가동 시킬 수 없는 만큼 머지않아 도태되는 업체가 속출할 전망이다.

실제로 파라디웨이라이法拉第未来·Faraday Future는 '테슬라 대항마'로 불릴 정도로 세계적 관심을 모았지만 헝다그룹의 20억 달러 자금 조달이 무산되자 2018년 10월 말 경영 위기에 몰렸다. 헝다그룹 측은 파라디가 자금을 낭비하면서 무리한 요구를 했다고 주장해 지원을 중단한 것이다. 이에 파라디는 자금난을 해결하기 위해 20% 임금 삭감과 구조조정 계획을 발표했고 핵심 인력까지 이탈하는 최악의 상황을 맞았다. 파라디웨이라이는 설립 이후 지금까지 단 한 대의 전기차 양산에조차 나서지 못한 것으로 알려졌다. 중국 전기차 시장의 성장 잠재력은 풍부하지만 결국 경쟁력 있는 업체들만 살아남는 구조가 형성될 것이라는 얘기다.

여기에다 미국의 전기차 선도업체인 테슬라와 독일 폭스바겐 등 글로벌 자동차 기업들이 중국 전기차 시장에 진출하고 있다는 것도 악재다. 테슬라는 2019년 모델 시리즈를 중국 시장에 투입한 데 이어 올 연말에는 상하이에 건설 중인 전기차 전용 배터리 공장 '기가팩토리3'의 양산에 들어간다는 방침을 세웠다.

중국 공업정보화부에 따르면 테슬라는 2018년 동안 중국 현지에 모두 1만 4,467대의 전기차를 판매했다. 폭스바겐은 전기차 스포츠유틸리티차량SUV 'ID' 시리즈를 선보였다. 미 포드자동차는 중국에서 향후 3년간 출시한 30개 이상의 모델 가운데 3분의 1은 전기차가 될 것이라고 밝혔다. 짐 해킷Jim Hackett 포드 CEO는 "중국은 세계 스마트 차량 시장을 이끌고 있고 이는 포드 비전의 핵심 부분이랑 일치한다"고 포부를 밝혔다. 미국·이탈리아 합작 자동차업체 피아트크라이슬러FAC를 포함해 도요타와 혼다, 미쓰비시 등 일본 메이커 등 4개사는 중국 광저우자동차그룹GAC과 기본적으로 동일한 EV를 판매함으로써 중국 시장에 진출할 방침이다.

중국 정부의 전기차 보조금 삭감도 이들 스타트업에 치명상을 입힐 것으로 보인다. 중국 정부는 올해 6월부터 전기차 보조금을 기존의 6만 6,000위안에서 2만 7,500위안으로 58%라는 큰 폭으로 낮추기로 결정했다. 중앙정부보다 최대 50% 많은 지방정부 보조금은 더 많이 축소된다. 중국 정부는 보조금 삭감을 단계적으로 추진해 2020년에는 전기차에 대한 보조금을 완전히 없앤다는 계획이다. 저우레이 도쿄 소재 딜로이트토마츠컨설팅 컨설턴트는 "중국 정부의 보조금 조정으로 아직 기술이 덜 발달한 전기차 스타트업이 사라질 것"이라며 "전기차 스타트업 시장에 지각변동이 일어날 것으로 보인다"고 전망했다. 그러나 중국 정부는 코로나19 사태를 이유로 2020년에 폐지하려던 전기차 보조금 정책을 2022년까지 연장한다고 발표했다.

중국의 세계 최대 전기차업체 비야디가 굳건하게 자리 잡고 있는 것도 전기차 스타트업의 입지를 더욱 좁힐 요인으로 작용할 전망이다. 추이둥수崔東樹 중국전국자동차승객협회CPCA 사무총장은 "중국 내 전기차 시장에는 여전히 공간이 많이 남아 있지만 경쟁력을 갖춘 강자들만의 리그가 될 것"이라며 "약자, 즉 스타트업은 아마 시장에서 밀려날 것으로 보인다"고 분석했다. 중국 전기차 시장이 그동안 정부 보조금으로 덕분에 급성장을 맞이해왔던 점을 감안하면, 전기차 제조업체들은 정부의 보조금 삭감계획에 직격탄을 맞게 되는 셈이다.

특히 전기차 스타트업 창업자들의 대부분이 자동차 전문가가 아닌 IT전문가 출신이기 때문에 이들이 자동차 제조에 들어가는 비용을 가늠하는 데 어려움을 겪고 있다는 지적도 나온다. 이런 현상은 투자자 입장에서는 마이너스 요인으로 작용되기 때문에 스타트업들은 추가 자금 확보에 대한 불확실성이란 리스크까지 떠안아야 할 수도 있다는 지적이다.

리샹李想 처허자車和家·CHJAutomotive CEO는 "스타트업들이 내년까지 자금을 확보하지 못할 경우 퇴출 위기를 각오해야 한다"고 밝혔다. 블룸버그는 "스타트업들이 하나둘씩 문 닫게 되면 스타트업에 대한 투자심리가 더욱 위축될 것"이라며 "이미 자리 잡은 업체들도 수익을 위해 혼신의 노력을 기울이고 있는 상황인 점을 고려하면 스타트업에 대한 투자 매력도는 더욱 떨어질 것이다"고 내다봤다.

휘청거리는
중국 자동차 시장

중국자동차공업협회CAAM에 따르면 중국의 최대 명절인 춘제가 끼어 있는 2019년 1~2월 자동차 신차 판매량은 전년 같은 기간보다 15% 감소한 385만 대를 기록했다. 승용차 판매량도 전년 같은 기간보다 18%나 줄어든 324만 대에 그쳤다. 특히 지난해 중국 자동차 판매량은 전년보다 2.8% 감소한 2,808만 대에 머물렀다. 중국의 자동차 판매량이 감소세를 나타낸 것은 1990년 이후 30년 만에 처음이다. 중국은 지난해 하반기 신차 판매량이 전년 같은 기간보다 11% 줄었는데 2020년 들어 판매 부진이 더욱 심화한 것이다.

미국 포드와 중국 창안자동차 합작사인 창안포드오토모빌Changan Ford Automobile은 1~2월 신차 판매가 전년보다 75%나 곤두박질친 2만 1,535대로 급감했다. 포드의 2018년 중국 판매는 전년보다 37% 감소했고 미국 제너럴모터스GM와 독일 폭스바겐도 각각 10%와 2% 줄어드는 등 중국 시장이 글로벌 자동차업체들의 '무덤'으로 추락하는 형국이다.

현대자동차그룹의 중국 상황 역시 매우 엄중하다. 현대자동차가 지난해 중국 베이징 1공장의 가동을 중단하기로 결정한 데 이어 기아자동차도 장쑤성 옌청鹽城 1공장의 가동을 중단했다. 기아차 옌청 1공장은 기아차 중국 합작법인 주주인 둥펑웨다東風熱達그룹에 넘겨 전기자동차EV 전용 공장으로 전환하기로 했다. 둥펑웨다그룹의 자회사인 화린윈퉁이 2021년부터 전기차 위탁 생산공장으로 운영하기로 했다. 현대차그룹 관계자는 "기아차 역시 판매 부진이 장기화되면서 중국 생산시설의 가동률이 크게 떨어졌다"고 전했다.

옌청 1공장은 기아차가 2002년 중국 둥펑자동차, 웨다그룹과 합작으로 둥펑웨다기아起亞를 설립하면서 세운 공장이다. 둥펑웨다기아는 옌청에 3곳의 공장을 두고 있다. 옌청 1공장의 연간 생산능력은 30만

대 안팎이다. 1~3공장을 합치면 연간 90만 대 안팎을 생산할 수 있다. 2017년 중국의 사드THAAD(고고도미사일방어체계) 보복 이후 중국에서 판매량이 급감하면서 옌청 공장의 가동률도 눈에 띄게 떨어졌다. 2018년에는 중국에서 37만 대를 생산하는 데 그쳤다.

현대자동차의 중국 합작법인인 베이징현대차는 앞서 베이징 1공장의 가동을 중단했다. 중국에서 100만 대 이상을 판매하며 한때 GM과 폭스바겐에 이어 시장 점유율 3위까지 오르며 기세를 떨쳤던 현대차는 사드 보복 등의 영향으로 2017년 판매량이 78만 5,000대로 급감했고, 지난해 판매량도 79만 대 수준에 그쳤다.

베이징현대 외에 일본 소형차 제조업체 스즈키는 지난해 9월 중국 시장에서 철수한다고 선언했다. 스즈키는 중국 자동차 시장 경쟁이 치열해 외국계 자동차 업체들이 큰 압박을 받고 있다며 더 이상 소형차를 선호하지 않는 중국인들의 구매 취향을 반영해 중국 시장에서 철수한다고 배경을 설명했다. 창안포드는 직원의 10%인 2,000여 명을 감원하기로 결정했고 GM 등도 중국 내 공장 생산 축소에 돌입한 상태다.

GDP의 10% 이상을 차지할 정도 중국 경제에 기여도가 높은 자동차 산업이 급락세로 꺾인 것은 2018년 하반기부터다. 2018년 상반기 자동차 판매는 6% 증가를 보이며 안정적 상승 기조를 이어갔다. 하지만 2018년 하반기 들어 미국과 무역전쟁이 본격화되고 경기 하강에 따른 증시 폭락 등의 악재가 잇따라 터지면서 자동차 판매가 하락세로 돌변했다.

중국 정부의 취득세 인하 조치가 만기되고 내수 소비 심리도 침체되면서 소비자들이 지갑을 닫은 게 자동차 판매에 부정적 영향을 미쳤다. 휘발유 승용차에서 전기자동차로 전환되는 과도기에 접어든 점도 판매 부진의 요인으로 꼽는다. 실제로 2월 판매량 가운데 중국 정부의 소비 진작 효과를 본 전기차 등 신재생에너지 자동차 판매는 53.6% 급증했다. 반면 중국 대도시 신차 시장은 포화 상태에 이르고 중소 도시는 경기 둔화에 수요가 약화세가 뚜렷하다. 차량공유시장과 중고차 시장이 활기를 띠는 것도 신차 판매에 마이너스 요소로 작용했다.

글로벌 자동차 제조업체들은 그동안 중국의 경제 발전과 함께 자동차 시장의 폭발적인 수요 확대에 힘입어 너도나도 현지 업체들과 합작회사를 세우고 대규모 생산 공장을 설립하는 등 중국에서 공격적인 투자를 진행했다. 이 덕분에 2017년 중국 시장에서 판매된 자동차는 2,900여만 대로 미국 시장(1,900여만 대)을 완전히 압도했다.

그러나 2018년 하반기부터 미·중 무역전쟁 등 각종 악재가 쏟아지며 성장세에 가려졌던 공급 과잉의 문제가 대두되고 있다. 사정이 이렇다 보니 중국에 진출한 대부분의 글로벌 자동차 제조업체들이 생산량 증가 → 판매 감소 → 재고 증가 → 가격 할인이라는 유혈 경쟁의 악순환이 시작됐다. 더욱이 공장 가동률 저하와 함께 가격 할인 경쟁마저 동시에 진행되면서 수익성이 크게 떨어졌다. 글로벌 자동차 업체들에게 '기회의 땅'으로 주목받았던 중국 자동차 시장이 오히려 '애물단지'로 전락한 것이다.

위기감을 느낀 중국 정부는 자동차 산업을 살리기 위해 두 팔을 걷고 나섰다. 국가발전개혁위원회 등 10개 정부부처가 합동으로 2019년 1월 말 자동차 구매에 정부 보조금을 지원하는 내용의 소비 활성화 방안'을 내놓았다. 우선 자동차 구매보조금 정책 도입하는 한편 낡은 경유차 등 노후 차량을 폐차하고 새 차를 사거나 전기자동차 등 신재생에너지 차량을 구매하는 이들에게 각 지방정부가 해당 지역의 사정에 맞는 '적당한 수준'의 보조금을 지급하라고 지시했다.

이와 별개로 농촌 지역은 3륜 자동차를 폐차하고 3.5t 이하 화물차나 배기량 1.6ℓ 이하의 승용차를 구입하는 주민들에게 보조금을 제공하기로 했다. 중국 정부의 이런 당근도 그다지 도움이 되지 않는 모양새다. 이에 리커창 총리는 3월 개막한 전국인민대표대회에서 정부업무보고를 통해 자동차 시장 정책을 일곱 차례에 걸쳐 언급했다. 리 총리는 자동차시장 개방 확대와 신에너지자동차 산업 발전 지원·구매세 감면 연장, 제조업·교통운수업 세수 부담 감면, 자동차 소비 촉진책, 자동차 수입 관세 인하 등을 거론하며 '자동차 시장 살리기'를 강조했다.

하지만 소비 심리가 여전히 얼어붙어 2019년 중국 신차 판매량은 지난해에 이어 2년 연속 하락할 것이라고 블룸버그통신은 분석했다. 신차 판매량 하락은 중국 토종 브랜드에 더 큰 타격이 될 것으로 보인다. 창안長安자동차의 경우 지난해 순익이 7억~7억 5,000만 위안으로 잠정 집계돼 전년 같은 기간보다 90% 이상 감소한 것으로 전해졌다. 경기 둔화에 따른 판매량 저조와 순이익 하락 등으로 창안자동차를 비롯해 화천華晨자동차, 베이징北京자동차 주가는 지난해 50% 이상 곤두박질쳐 반토막이 되었다.

중국이 세계 최대의 자동차 시장으로 발돋움했지만 기술력은 아직 미미한 수준이다. 시진핑 국가주석 체제 출범 이후 '중국제조 2025' 정책을 앞세워 기술력을 강조하고 있으나 중국 자동차 업체들이 '세계 최대 시장'이라는 이름에 걸맞은 수준에 도달하려면 높은 기술력을 가진 글로벌 자동차 기업과의 협력이 필요하다. 이런 상황에서 글로벌 업체들은 중국 탈출 조짐을 보이고 있는 만큼 중국 자동차 시장은 깊은 심연 속으로 빠져들고 있다.

무섭게 질주하던
중국 스타트업의 몰락

중국 스타트업의 하향세는 전기차 부문에만 그치지 않는다. 온라인 부동산 중개업체 '아이우지우愛屋及烏'는 중국 스타트업계의 떠오르는 샛별이었다. 아이우지우의 행보는 2014년 설립 이후 거침이 없었다. 14억 인구의 부동산 거래를 생각하면 성장성에는 온통 '장밋빛' 일색이었던 까닭이다. 불과 1년 반이라는 짧은 기간에 다섯 번이나 잇따라 대규모 투자유치에 성공하며 단숨에 3억 500만 달러를 끌어모았다. 미국 경제전문지 포춘이 발표한 '2016년 세계 유니콘(기업 가치 10억 달러 이상의 스타트업) 클럽'에 이름을 올리는 영예도 누렸다.

하지만 영광은 그리 오래 가지 않았다. 부동산 거래 특성상 규모가 큰 만큼 소비자들이 온라인 플랫폼을 외면한 데다 부동산 시장 침체라는 직격탄마저 맞았다. 결국 2019년 1월 사업을 중단하고 청산 절차를 밟았다. 중국 굴지의 금융그룹 핑안平安보험이 투자한 부동산 중개 플랫폼 핑안팡平安房도 아이우지우와 함께 서비스를 종료했다. IT시장조사 업체 CB 인사이트는 "이들 업체는 부동산에 금융과 인터넷 서비스를 접목했지만 통하지 않았다"고 분석했다.

'무섭게 질주하던' 중국의 스타트업계에 먹구름이 몰려왔다. 거대한 중국 시장과 손쉬운 자금 유치를 기반으로 성장세에 탄력을 붙였던 스타트업체들이 혁신 기술의 부재와 미·중 무역전쟁, 중국 경기 둔화세 등 여러 가지 악재가 겹치며 성장성에 한계를 드러낸 것이다.

중국 공유 자전거업체 오포小黄車·ofo의 몰락이 대표적이다. 2014년 창업 당시 23살이던 창업자 다이웨이戴威는 "버스와 지하철에서 내린 시민이 마지막 1㎞를 갈 수 있는 교통수단을 제공하겠다"고 포부를 밝혔고, 길거리에 세워진 자전거를 언제든 필요할 때 타고 아무 데나 내려서 놓고 가는 공유자전거 서비스를 현실화시켜 중국 스타트업의 '얼굴'로 자리매김했다.

알리바바와 샤오미 등 중국의 'IT 공룡'들이 앞다퉈 오포에 투자하며 기업 가치는 순식간에 30억 달러까지 급등했다. 하지만 낮은 수익모델 탓에 2018년 하반기부터 협력 업체들에 대금을 제대로 지급하지 못하면서 시장에 파산 소식이 나돌았다. 이에 보증금 반환을 요구하는 소비자들이 1,500만 명을 넘어섰다. 보증금이 1인당 99위안을 감안하면 보증금 반환 규모는 거의 15억 위안에 이른다. 그러나 오포는 파산 절차를 밟고 있지 않으며 채무 관련 소송과 협의가 여전히 진행되고 있다는 성명을 내며 파산설을 부인했다.

오포의 경쟁자였던 모바이크摩拜單車·mobike 역시 비슷한 '운명'에 처했다. 음식배달업체 메이퇀디엔핑美團點評에 인수되면서 도산은 겨우 면했지만 싱가포르 사업을 접었을 정도로 심한 경영난을 겪고 있다. 온라인 대출업체 모다이modai를 비롯해 우후죽순 생겨나던 개인 간 거래P2P 업체들이 줄줄이 파산하면서 핀테크Finance Technology(금융기술) 분야에서는 투자금 반환 시위가 일어나는 등 사회문제로 등장했다. 홍콩《사우스차이나모닝포스트》는 "중국의 자본은 너무 많았지만, 좋은 아이디어는 너무 적었다"며 "유사한 아이디어에 투자금이 한꺼번에 몰린 결과 상당수 투자금은 이제 회수할 수 없는 처지에 몰렸다"고 지적했다.

중국 스타트업이 몰락하고 있는 것은 진정한 기술 혁신보다는 단순한 아이디어와 광활한 중국 시장에 지나치게 의존한 탓이다. 류자룽 중국 자오상招商은행 카드사업총괄 부장은 "중국 스타트업 기술이 세계를 선도한다는 것은 허풍"이라며 "일부 성공한 회사들도 (기술력이 뛰어나다기보다) 중국 시장이 컸기 때문"이라고 털어놨다. 그러면서 "단순한 아이디어에 너무 많은 자본이 투입됐으며, 결국 순식간에 증발해버렸다"고 지적했다.

미국과의 무역전쟁도 이들 업체의 경영난 가중에 한몫했다. 도널드 트럼프 행정부가 중국과의 무역 협상에서 중국의 지식재산권 도용과 강제적인 기술 이전을 정조준하면서 남의 기술을 그대로 가져와 자신의 것처럼 포장하는 일이 불가능해졌다. 《사우스차이나모닝포스트》는 "미국과의 무역전쟁으로 중국 경제가 침체했고, 자국 시장에만 의존해온 스타트업들이 희생자가 됐다"면서 "그동안 중국의 기적이자 자존심의 원천으로 여겨지던 중국 스타트업 업계가 '진실의 순간'을 마주하게 됐다"고 비판했다.

인터넷과 전자상거래, 게임 등 시장이 포화 상태에 빠진 점도 스타트업계의 전망을 어둡게 했다. 중국 스타트업계를 잔뜩 부풀려졌던 버블(거품)이 터지면서 '좋은 시절'은 끝났다는 것이다. 시장조사 전문가인 윌리엄 리는 "최근 수년간 중국 스타트업은 쏟아져 들어오는 투자 자금을 만끽했지만, 이제 그런 좋은 시절은 지났다"며 "수익을 내지 못하는 스타트업들은 비용 통제를 위해 감원에 나설 수밖에 없다"고 말했다.

이같이 스타트업 업계가 경영난에 봉착함에 따라 직원들은 혹사당하고 있다. 스타트업 업체들이 오전 9시부터 밤 9시까지 일주일에 6일씩 일하는 '996룰'을 요구하고 있기 때문이다. 이 경우 직원들의 근무 시간은 무려 주 72시간이라는 장시간 노동에 시달리고 있는 셈이다. 중국 전자상거래 스타트업 유짠有贊의 주닝朱寧 최고경영자는 지난 1월 17일 직원들에게 '996룰을 지켜달라'는 새해 메시지를 전달했다.

그는 메시지에서 "런정페이任正非 화웨이 회장은 '일과 가정이 양립하기 어렵다'는 화웨이 직원의 말에 '이혼하면 해결된다'는 조언을 했다"며 "직원들의 이혼을 원하지는 않지만, 화웨이의 이러한 문화는 배워야 한다"고 강조했다. 가정보다는 회사 일에 시간을 더 많이 할애해 달라고 강제하고 있는 것이다.

996룰은 사실 스타트업 직원들이 과거 잘 나갈 때 만든 문화다. 당시 직원들은 자발적으로 나서서 장시간 근무를 했다. 그러나 상당수 스타트업이 경영난을 겪으며 회사 측이 직원들에게 996룰을 강요하는 데 악용되고 있다. 대다수의 스타트업들이 신규 채용을 줄이고 기존 직원들마저 내보내며 인력을 줄인 여파다. 이에 중국 IT기업들과 스타트업의 장시간 노동을 반대하는 '안티 996룰' 캠페인이 온라인을 통해 빠르게 확산되고 있다.

영국《파이낸셜타임스》는 오픈소스 소프트웨어 플랫폼인 깃허브에서 안티996룰 캠페인이 시작됐고, 이는 일주일간 깃허브에서 두 번째로 많이 공유됐다고 전했다. 캠페인 관련 저장소는 16만 명의 '스타star(좋아요)'를 얻었으며 중국판 트위터인 웨이보微博에서도 주요 이슈로 떠오르며 급속히 퍼졌다.

　중국 스타트업 시장은 지난 2013년부터 급성장했다. 중국 정부가 적극 지원한 데다 알리바바와 텅쉰 같은 1세대 스타트업들의 성공 사례가 나오면서 투자 자금이 구름처럼 몰려들었다. 이에 힘입어 중국 스타트업들은 2015~2017년 '이지 머니(손쉬운 자금 조달)'를 만끽했다. 중국 국가발전개혁위원회에 따르면 2013년만 해도 하루 평균 6,900개가 설립되던 스타트업이 2018년에는 하루 평균 1만 8,400개로 167% 급증했다.

　하지만 2018년 하반기부터 투자 위축 현상이 가속화됐다. 중국 리서치기업인 제로2IPOZero2IPO에 따르면 올해 3월 중국 스타트업 시장의 투자액은 전년도 같은 기간보다 67.5%, 전달보다 31.7%나 급감한 294억 위안에 그쳤다. 전체 투자 건수도 전년 같은 기간보다 63.5%나 곤두박질쳤다. 시장조사업체인 프레퀸도 지난해 4분기 중국 스타트업 시장 투자 건수와 펀딩 규모가 각각 713건과 183억 달러로 전년도 같은 기간보다 각각 25%, 12%가 감소했다고 밝혔다.

중국의 머나먼 꿈,
'반도체 굴기'

　　　　　　　　　중국의 '반도체 굴기'의 꿈이 좌초하고 있다.
중국 정부는 반도체산업 굴기를 위해 전폭적으로 지원에 나서고 있지만, 미국의 견제가 날이 갈수록 거세지고 지방정부의 재정난, 변변찮은 기술력 등 내부의 고질적 문제로 중국 반도체 산업이 총체적 난국에 빠졌기 때문이다.

미국 정부가 화웨이에 이어 '중국 파운드리(반도체 위탁생산) 사업의 상징'으로 불리는 중신궈지中芯國際·SMIC를 블랙리스트에 올려 반도체 기술·장비 공급을 차단하기로 했다. 미국 상무부는 미 컴퓨터칩 제조회사들에 서한을 보내 중신궈지에 특정 기술을 수출할 경우 별도의 면허를 취득해야 한다고 통지했다. 이 서한은 "중신궈지에 대한 수출은 중국에서 군사적 목적으로 전용될 수 있는 '받아들일 수 없는 위험'을 안고 있다"고 배경을 설명했다. 중신궈지가 수출하는 반도체 기술이 중국 인민해방군에 의해 이용될 수 있다고 지적한 것이다. 통신장비업체인 화웨이, 중싱통신과 이들 기업의 계열사 등 275개 이상의 중국 기업들은 앞서 블랙리스트에 올라 있다.

2000년 설립된 중신궈지는 화웨이와 함께 중국 반도체 자급화 계획에서 양대 축을 이루는 기업이다. 세계 시장 점유율이 4.5%로 세계 5위를 차지하고 있다. 중신궈지보다 먼저 미국의 제재 대상이 된 화웨이는 삼성전자와 세계 1위를 다투는 스마트폰 업체이면서 중국 최대 팹리스(반도체설계) 업체인 하이쓰반도체Hisilicon를 자회사로 두고 있다. 중신궈지는 세계 최대 파운드리업체인 대만 지티뎬루臺灣積體電路·TSMC와 하이쓰가 발주한 반도체를 위탁 생산하고 있는데, 미국의 추가 제재로 더 이상 납품을 할 수 없게 됐다. 중신궈지가 하이쓰의 생산 주문을 소화할 수 있다면 미국의 화웨이 제재는 무력화될 수 있겠지만, 중신궈지의 현 기술력 수준으로는 불가능하다.

중신궈지는 지난해 말에야 겨우 14㎚ 공정 양산에 들어갔다. 대만 지티덴루는 7㎚ 제품을 거의 독점 공급하고 있는 데다 2019년 하반기에 5㎚ 공정 양산에 진입하는 등 기술 수준이 한참 앞서가고 있다. 중신궈지와 삼성전자·지티덴루 간에는 3~5년의 기술 격차가 존재한다. 중국 입장에서는 5~10년을 바라보고 중신궈지를 집중 육성하고 있는데, 미국은 아예 중신궈지가 싹도 틔우기 전에 고사시키겠다는 심산이다.

중신궈지가 화웨이에 시스템 반도체를 납품하는 만큼 미국의 제재는 화웨이에 추가적으로 큰 타격이 될 수 있다. 중국이 추진 중인 첨단 반도체 육성 전략이 벼랑 끝으로 몰릴 수 있다는 분석이 나오는 이유다. 화웨이가 반도체 생산을 맡겨 오던 지티덴루와의 관계가 끊긴 데이어 그 대안으로 중신궈지를 육성하려는 중국 정부의 계획이 좌절된 탓이다. 중국 정부는 중신궈지를 '마지막 보루'로 삼아 집중 투자를 통해 2025년까지 반도체 자급률을 70%로 끌어올리겠다는 계획을 발표한 바 있다.

이런 와중에 중국 정부가 수십조 원을 쏟아부은 반도체 개발 프로젝트에 제동이 걸렸다. 후베이성 우한시 둥시후東西湖구 정부는 지난 8월 공개한 투자 현황 보고서에서 "우한훙신武漢弘芯반도체HSMC 프로젝트에 대규모 자금 부족 문제가 존재한다"며 "언제든 자금이 끊어져 프로젝트가 멈출 위험에 직면했다"고 밝혔다. 프로젝트를 관리하는 현지 정부의 이 같은 '고백'은 우한홍신이 사실상 회생 불능의 상태에 빠져든 것으로 볼 수 있다. 지방정부 관료들이 시진핑 국가주석의 환심을 사기 위해 재정난에 아랑곳하지 않고 경쟁적으로 대규모 반도체 사업을 추진하면서 빚어진 비극인 셈이다.

우한홍신은 7㎚ 이하 첨단 미세 공정이 적용된 시스템 반도체 제작을 목표로 2017년 우한에서 설립됐다. 이 회사에 투자된 자금은 무려 1,280억 위안에 이른다. 우한홍신은 지티덴루의 최고운영책임자COO이던 장상이蔣尙義를 영입해 주목을 받았다. 이 덕분에 2019년 말까지 중국 정부 등에서 투자금 153억 위안을 받은 것으로 알려졌다. 우한홍신은 "우한 산업단지에 14㎚와 7㎚ 생산라인을 구축하고 웨이퍼 기준 연간 6만 장을 생산하겠다"며 기염을 토했다. 글로벌 반도체 제조업체 중 7㎚ 양산이 가능한 곳은 삼성전자와 지티덴루밖에 없는데, 신생 기업이 이런 기술 격차를 뛰어넘겠다고 '호언장담'한 것이다.

하지만 우한홍신의 문제는 2020년 1월 공장 건설 대금을 지불하지 못해 소송에 휘말리면서부터 조금씩 드러났다. 특히 중국에서 유일하게 7㎚급 공정에 쓰이는 네덜란드 ASML의 극자외선EUV 노광 장비를 도입해 보유하고 있었지만, 이 장비는 은행에 압류된 것으로 알려졌다. 우한홍신을 세운 창업자와 회사 설립에 관여한 인사들의 행방은 오리

무중이고 회사 홈페이지도 열리지 않는 상태다. 중국 기술전문 매체 《콰이커지快科技》는 〈우리 반도체 업계에 도대체 무슨 문제가 있는 것인가?〉라는 제목의 기사를 통해 우한홍신의 위기 소식을 전하면서 "수십 년 전 가장 어려운 시기의 과학자들은 주판에 의지해 원자폭탄을 만들었는데 지금은 이 작은 반도체를 진정 만들지 못하는 것인가"라고 한탄하기도 했다.

미국과 격렬한 무역전쟁을 치르는 중국 입장에서 첨단기술 독립을 이루려면 모든 IT 부품의 '두뇌'에 해당하는 반도체 확보에 열을 올릴수밖에 없다. 실제 중국은 2014년부터 반도체를 첨단산업과 국가안보에 필요한 핵심 산업으로 삼고 집중 육성 중이다. 그해 중국이 정부 주도로 설립한 반도체 펀드 규모만 1,390억 위안에 이른다. 여기에다 중국 정부는 지난해 10월 289억 달러 규모의 반도체 펀드를 새로 조성해지원하고 있다. 2014년에 이어 두 번째 조성되는 반도체 펀드다. 이 펀드에는 중국개발은행 등 중앙정부와 지방정부의 지원을 받는 기업이 대거 참여한 것으로 전해졌다. 현재 중국 전역에서 50개 대규모 반도체 사업이 추진되고 있는데 투자비만 무려 2,430억 달러에 이른다.

《월스트리트저널》은 2차 반도체 펀드 조성을 두고 중국 정부가 미국의 강력한 견제 속에서도 반도체 분야에서 미국 기술로부터 독립하고 글로벌 기술 리더가 되겠다는 야심 찬 계획을 추진하겠다는 의지를 드러낸 것이라고 분석했다. 이 때문에 미 무역대표부USTR는 보고서를 통해 "중국 정부가 국가 전략 목표를 위해 펀드 설립에 깊이 개입했다"며 자국 기업에 불공정한 우위를 제공하는 '국가자본주의'라고 강력히 비판했다. 더군다나 이번에 조성한 새 반도체 펀드는 2014년의 1차 펀드와 규모가 비슷해 미국 정부의 심기를 불편하게 할 공산이 크다. 미중 무역협상이 1단계 합의에 머무르고 있는 만큼 새로운 불씨로 작용할 것이란 전망도 나온다

중국은 '반도체 인재 빼내오기'에도 총력전을 펼치고 있다. 파운드리 강국인 대만이 중국의 노골적인 '반도체 인재 빼가기'에 속앓이 중이다. 반도체 산업에서 초미세공정 기술 및 관련 장비를 다룰 수 있는 '경험 많은 인재'가 경쟁력의 핵심인 까닭이다.《일본경제신문》에 따르면 중국은 반도체산업을 2030년까지 세계 선진국 수준으로 도약시키기 위해 대만 기업들의 반도체 전문가들을 적극 영입하고 있다고 한다.

대만 반도체 업계는 중국이 고액 연봉을 앞세워 빼내 간 인재만 3,000명 이상이라고 추산한다. 대만에서 활동하는 반도체 개발 기술자의 10% 수준에 이르는 수치다. 심지어 중국은 반도체 전문가를 지망하는 대만 대학생들까지 미리 선점해 자국 내 유학을 독려하고 있다. 멍즈청蒙志成 대만 국립성공대 교수는 "중국의 목표는 대만 반도체 인재풀이 '푹 꺼질 만큼' 인력을 빼내 가겠다는 것"이라고 우려했다.

이처럼 중국이 '물불 가리지 않고' 반도체산업 육성에 나섰지만 그 성과는 너무 더디다. 주요 투자 주체인 중국 지방정부들의 재정난이 한

계에 달해 자금 조달이 어려운 데다 선진국 업체들과의 기술 격차가 크고 치밀한 계획보다는 최고지도자에 대한 충성심이 사업 추진의 목적이 되고 있기 때문이다.

중국 남부 해안도시 푸젠성福建省 샤먼嗜門과 가장 가난한 성省 가운데 하나인 구이저우성貴州省도 반도체 사업에 뛰어들었다가 재원 낭비와 임금 인상이라는 부작용만 낳았다. 중국 동부 지역의 한 반도체 산업단지는 이미 45억 위안을 투자했으나 주요 투자자인 지방정부의 재정난으로 사업을 중단할 위기다. 중국 중부의 대표적인 반도체산업 단지를 표방하는 후베이성 우한은 법원으로부터 산업단지의 토지 사용이 금지돼 자금 조달 통로가 막히는 바람에 결국 우한홍신이 사라졌다.

반도체 선진국들과의 기술 격차도 크다. 시장조사기관인 IC인사이츠에 따르면 중국 반도체 기업의 기술 국산화율은 2010년 8.5%에서 지난해 15.4%로 상승하는 데 그쳤다. 중국 칭화대의 사업 부문인 쯔광그룹紫光集團·Tsinghua Unigroup의 자회사 창장춘추커지長江存儲科技·YMTC가 대표적이다.

중국 정부가 74%의 지분을 소유하고 있는 창장춘추는 중국 반도체 기업 중 전망이 밝은 업체로 꼽히지만, 선진국 플래시 메모리 업체들에 비하면 기술력에서 반 세대나 뒤진 것으로 평가된다. 창장춘추는 D램 기술에 대해 외부에 의존하지 않고 시장 주도자로 성장하기 위해 10년간 8,000억 위안이라는 천문학적 돈을 퍼부을 계획이다. 다른 반도체 기업들은 기술력이 너무 떨어져 내세울 만한 곳이 없을 정도다. 중국의 지난해 반도체칩 무역적자는 2,280억 달러 규모로 10년 전보다 2배로 확대됐다.

가장 '치명적인' 문제는 시진핑 주석의 환심을 사기 위해 지방정부 관료들이 재정난에는 개의치 않고 경쟁적으로 대규모 반도체 사업을 추진하고 있다는 사실이다. 톈진시는 정부 소유의 대규모 종합상사인 톈진물산그룹의 채무불이행으로 중국 전역에 '금융 패닉'을 일으켰음에도 불구하고 시진핑 주석의 관심 사업인 AI 분야 투자를 위해 무려 160억 달러나 쌓아 둔 것으로 알려졌다. 가뜩이나 경제가 어려운 마당에 지도자의 마음을 얻기 위해 추진하는 사업이 공적자금의 부적절한 사용을 초래한다고 비판받고 있는 것이다. 신용평가사 무디스는 올해 중국 지방정부의 지출 규모가 수입보다 7조 6,000억 위안이나 더 많을 것이라고 추정했다.

중국 금융계는
왜 몸살을 앓고 있는가?

경기 둔화로 인해 중국 IT기업이 비명을 지르는 가운데, 금융계도 몸살을 앓고 있다. 2020년 7월만 해도 달러당 7위안 초반에서 거래되던 위안화가 8월 이후 6위안 후반에서 움직이며 '1달러=6위안'이라는 등식이 완전히 굳어지는 모양새다. 중국 인민은행은 10월 22일 기준 환율에 해당하는 중간 환율을 전날보다 0.34% 오른 달러당 6.6556위안으로 고시했다. 2018년 7월 9일(6.6393위안) 이후 2년 2개월여 만에 최저치다. 환율과 가치는 정반대로 움직이는 만큼 위안화 가치는 최고치를 기록한 셈이다.

이 같은 위안화 강세의 주된 요인은 ▲미·중 간의 금리 차 확대 ▲중국 경기회복세 가시화 ▲미·중 무역 회복세 차이 ▲미 연방준비제도의 통화정책 등이 꼽힌다고 전문가들은 분석했다. 미·중 금리 차의 확대는 위안화 환율의 장기적 변화를 유도하는 근본적인 요인이다. 한 국가의 금리 수준은 거시경제와 통화정책, 인플레이션 수준 등을 종합적으로 반영해 결정된다. 미·중 금리 차가 확대된다는 것은 그만큼 두 나라의 경제회복 정도와 통화정책 등에서 차이가 벌어지고 있음을 뜻한다. 미 정부는 지난 3월 코로나19 사태가 본격화하면서 경기부양을 위해 무제한 양적 완화라는 통화정책을 펼치고 금리를 제로에 가까운 수준으로 인하했다. 미국은 현재 0.00~0.25%의 제로에 가까운 금리 수준을 유지하고 있다.

이에 비해 중국 정부는 2020년 초 코로나19 사태 확산 속 경기부양을 위해 완화적 통화정책과 확장적 재정정책을 적극적으로 펼쳐오다가 코로나19 사태가 진정 국면에 접어든 5월 들어 속도 조절에 나서며 시장 금리를 일정 수준으로 끌어올렸다. 이로 인해 달러화와 위안화의 금리 차가 확대된 것이다. 미국과 중국의 10년물 국채 금리 차는 8월 말 기준 2.3%에 이른다. 역대 최고 수준이다. 위안화 자산의 매력이 높아지면서 중국으로 자금이 몰려들 수밖에 없는 이유다. 자금을 금리가 높은 쪽으로 옮겨 놓으면 골치 아프게 머리를 굴리지 않아도 손쉽게 돈을 벌 수 있는 기회가 생기는 덕분이다.

중국의 뚜렷해진 경기 회복세도 위안화 강세를 부추기는 중요한 요인이다. 1분기에 마이너스(-) 6.8%까지 곤두박질쳤던 중국 경제가 2분기에는 경기를 회복하며 V자 반등(3.2%)에 성공한 뒤 탄력을 붙여 3분기에는 4.9%까지 급등하며 고공행진 중이다. IMF는 올해 세계 GDP 증가율(성장률)이 −4.9%를 기록할 것으로 예측했다. 미국 경제는 −8%의 성장률을 기록할 것으로 예상한 반면 중국은 유일하게 플러스 성장을 일궈낼 전망이다. 코로나19 사태가 사실상 종식된 중국의 수출은 플러스 성장을 기록한 반면 수입은 마이너스 성장을 이어가면서 중국의 경상수지 흑자 규모는 커졌다. 지난 8개월간 중국 수출은 0.8% 증가했고 수입은 2.3% 줄으면서 2020년 무역수지 흑자 규모는 17.2% 증가했다.

중국 경제는 3분기 4.9% 성장한 데 이어 4분기에는 5% 이상 성장할 것이라는 관측이 시장 컨센서스로 받아들이는 분위기다. 경제 상황의 호전은 위안화가 강세로 이어지면서 중국으로 자금이 몰려들고 있다는 뜻이기도 하다. 원빈溫彬 중국민생은행 수석연구원은 "위안화가 강세를 보이는 것은 중국 경제의 펀더멘탈이 좋아지고 있다는 의미"라며 "중국 경제에 대한 낙관적 전망에 힘이 실리면 해외 자본이 중국으로 대거 유입돼 위안화는 강세를 보인다"고 설명했다.

이에 힘입어 2030년이면 중국 위안화가 일본의 엔과 영국의 파운드를 밀어내고 달러와 유로에 이은 3대 기축통화로 성장할 것이라는 선부른 전망도 나온다. 미국 투자은행 모건스탠리는 지난 9월 연간 보고서를 통해 향후 10년간 3조 달러가 중국 금융시장으로 유입될 것이라고 관측했으며, 중국의 경상수지 흑자 지속과 외국인 자금 유입으로 위안화 강세가 이어지면서 현재 달러당 6.85위안 안팎인 위안화 환율이 내년 말에는 달러당 6.60위안까지 하락(=위안화 가치 상승)할 것이라고 내다봤다. 또한 모건스탠리는 세계 각국 중앙은행의 외환보유액에서 위안화 비중이 2030년에는 10%에 이를 것이라고 한다. 2020년 3월 말 기준 위안화가 차지하는 비율은 2%로 다섯 번째이며, 엔화는 5.7%, 파운드화는 4.4%를 각각 차지하고 있다. 달러는 62%, 유로 20%로 두 통화의 비중이 80% 이상이다.

그러나 중국이 10년 내에 엔화와 파운드화를 제치고 3대 기축통화로 자리매김하기는 어려울 것이라는 시각 또한 적지 않다. 중국은 세계 2위의 경제 규모라는 막강한 실물경제를 바탕으로 10년 넘게 위안화 국제화를 추진해왔지만 중국인 수출업자들은 여전히 상품 대금으로 위안화보다 달러화를 선호한다. 이런 상황을 볼 때 중국 당국의 희망과 달리 위안화를 기축통화로 만드는 것은 아직도 갈 길이 멀다.

위안화가 기축통화가 되기 어려운 근본적인 이유는 대략 세 가지를 꼽을 수 있다. 우선 중국은 외화자금의 흐름을 강력하게 통제하는 국가이다. 중국은 '선진국 클럽'으로 불리는 경제협력개발기구OECD 가입국이 아니다. 그런 만큼 외국 자본의 자유로운 이동을 법적으로 보장할 의무는 없다. 글로벌 금융시장에 충격이 발생할 시 자본 통제 수단을 쓸 수 있다는 얘기다. 반면 OECD 회원국은 이 정책수단을 활용하지 못한다. OECD 자본자유화규약 준수 때문이다. 위기 상황에서 자본 통제가 중국경제에 '충격흡수장치' 역할을 하고 있는 셈이다. 중국이 금융 위기에 처할 가능성은 상대적으로 낮은 이유다.

다음은 중국 기업과 지방정부의 천문학적인 부채도 걸림돌이다. 고질적인 기업 부채를 중국 금융기관의 그림자 금융이 뒷돈을 대고 있다. 중국의 그림자 금융은 지난해 1분기 기준 3조 3,000억 달러로 추산되는 만큼, 중국이 외국 자본 유출 리스크에 상시 노출되어 있는 것이나 다름없다.

마지막으로 중국 당국에 대한 글로벌 금융시장의 신뢰가 높지 않은 점도 악재다. 중국 당국은 2015년 8월 위안화 가치를 기습적으로 평가절하를 단행한 것이 대표적 사례다. 위안화 강세로 수출이 줄었다는 게 이유였다. 이로 인해 글로벌 금융시장이 등을 돌리자 2015년 말까지 1조 달러가 유출됐다.

이밖에 미중 갈등이 극단으로 치달을 때 미국은 세계 200여 개 국가의 은행들이 달러 결제나 송금 시에 활용하는 국제금융 결제시스템망 국제은행간통신협회(이하 SWIFT), 미국 연방준비제도의 자금 이체 시스템인 Fed와이어 등에서 중국을 배제할 수도 있다는 우려도 커지고 있다. 특히 트럼프 대통령이 지난 7월 홍콩의 특별지위를 박탈하는 행정명령과 홍콩의 자유를 제한하는 중국 당국자와 거래하는 은행을 제재할 수 있도록 하는 '홍콩자치법'에 서명하면서 중국의 위기감은 더욱 커지고 있다.

브뤼셀에 본부를 두고 있는 SWIFT는 중립적 기관이지만 미국이 실질적 영향력을 행사하고 있다. 미국이 2012년 이란에 대해 가했단 금융제재 가운데 핵심이 이란 중앙은행을 SWIFT에서 배제하도록 한 것이다. 팡싱하이方星海 증권감독위원회 부주석은 지난 6월 공개 포럼에서 "위안화 국제화는 향후 외부 금융 압력에 대처하기 위한 것"이라며 "미리 계획을 마련해야 하고 우회할 수 없는 과제"라고 밝히기도 했다.

중국을 어둠 속에서 지배하는 '그림자 금융'

중국의 위안화 강세와 부채에 더불어 그림자 금융이 큰 폭으로 증가하면서 리스크가 확대되고 있다. 스위스 투자은행 UBS 보고서에 따르면 중국의 그림자 금융 규모는 2016년 말 현재 전년보다 15%가 늘어난 2조 3,000억 달러에 이른다. 이 같은 규모는 중국 GDP의 19%에 해당하는 만큼 중국 금융기관의 부실이 심각하다는 방증이라고 덧붙였다. (국제 신용평가회사 무디스는 2020년 1분기 중국의 그림자 금융 규모가 무려 8조 6,000억 달러로 추산했다).

UBS 보고서는 주식시장에 상장된 대형 은행은 물론 지방의 비상장 소형 은행까지 포함한 중국 전역 237개 은행의 대출 규모와 현황, 부실 대출 규모 등을 종합 분석했다며 중국은행들의 상당수가 재무제표에

'대출'로 기재해야 할 항목을 '투자 미수금'으로 기재했다고 밝혔다. 대출이 아닌 만큼 금융당국의 건전성 규제 대상에도 포함되지 않고 부실대출 규모를 보고할 필요도 없다는 얘기다.

이런 그림자 금융을 고려한다면 중국 금융기관의 부실 대출 비율은 공식 통계보다 3배 이상 높을 것이라고 보고서는 추산했다. 보고서를 주도한 제이슨 베드퍼드 UBS그룹 애널리스트는 "그림자 금융을 활용한 이러한 대출이 부실화하면 그 타격은 다른 은행들로 순식간에 번지게 된다"며 "중국 당국은 금융규제 강화와 국유기업 개혁, 부채 감축 등의 조치를 서둘러야 할 것"이라고 강조했다.

특히 중국 '러스트 벨트(원래 제조업의 사양화로 불황을 맞은 미국 북부와 중서부지역을 일컫는 말이다. 요즘은 철강과 조선, 석탄 산업 등의 퇴조로 침체를 겪는 중국 동북부 지역을 가리키는 용어로 사용된다)' 지역의 은행 부실이 심각하다고 지적했다. '중국 철강산업의 메카'로 불리는 허베이성河北省의 탕산唐山은행은 지난해 그림자 금융 대출이 86%나 급증해 재무제표상 대출의 308%에 이른다. 하지만 이 은행이 보고한 부실 대출은 0.05%에 불과해 중국내 은행 중 가장 낮았다. 랴오닝성 진저우錦州은행의 그림자 금융 대출은 223.6%, 랴오닝성 선양瀋陽에 소재한 성징盛京은행의 그림자 금융 대출은 96.3%, 헤이룽장성黑龍江省 하얼빈哈爾濱은행의 그림자 금융 대출은 71.5%에 이른다. 중국 내 은행은 단일 기업에 대한 대출이 전체 대출의 10%를 넘지 못하며, 소속 계열사를 모두 포함한 단일 그룹에 대한 대출

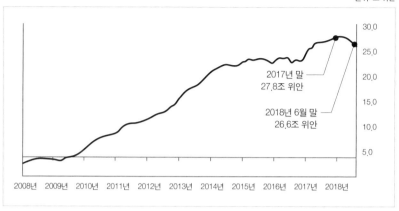

중국 그림자금융 잔액 추이

단위: 조 위안

2017년 말
27.8조 위안

2018년 6월 말
26.6조 위안

30.0
25.0
20.0
15.0
10.0
5.0

2008년 2009년 2010년 2011년 2012년 2013년 2014년 2015년 2016년 2017년 2018년

자료: 국제금융센터

도 15%를 넘지 못하도록 규정돼 있다. 하지만 열악한 지역 경제로 인해 강화된 대출 규제에서 벗어나기 위해 이들 지역의 금융기관은 그림자 금융을 '활용'하고 있다.

네이멍구자치구 바오터우包頭의 바오상包商은행은 그림자 금융을 활용해 순자산의 126%, 저장성 항저우의 저상浙商은행은 113.2%, 허난성 정저우鄭州은행은 106.9%에 이르는 돈을 단일 기업에 대출했다. 베드포드 애널리스트는 "러스트 벨트 지역 은행들의 그림자 금융 집중도가 놀랄 만하다"며 "그림자 금융 자금이 기존 대출을 롤오버(만기 연장)하거나 분명한 위험 전염을 모른 채 은행 간 스왑(교환)에 이용되고 있다는 점은 불안하다"고 경고했다. (중국 인민은행과 은행보험감독관리위원회는 2019년 5월 24

일 성명을 통해 바오상은행이 심각한 신용 리스크가 존재한다며 예금자와 고객들의 합법적 권익을 보호하기 위해 바오상은행 경영권을 2020년 5월 23일까지 1년간 접수해 관리하기로 했다고 발표했다.)

글로벌 분석기관 오토노머스 리서치 등의 조사에 따르면 중국의 그림자 금융은 두 가지 형태로 나타난다. 그 하나는 일반 은행에서 정상적 대출이 어려운 중소기업들이 이용하는 경우이다. 다른 하나는 일반 은행들이 대차대조표의 신용을 숨기기 위한 수단으로 활용하는 것이다. 그림자 금융은 이 중 후자가 대부분이다.

은행들이 그림자 금융의 대표 상품인 자산관리상품WMP의 발행을 통해 자산을 그림자 금융으로 이전하는 것을 중국에서는 '통도通道업무 channel business'라고 부른다. 통도업무에는 두 가지 방식이 있다. 그 하나는 은행들이 자산을 WMP로 이전한 뒤 이를 은행들이 예금자나 투자자에게 매각하는 경우다. 이를 통해 금융당국의 자산 건전성 평가에서 부실을 숨길 수 있다. 다른 방식은 은행들이 비은행권 기관에 대출을 매각하고 해당 대출을 다시 패키지화한 뒤 WMP와 비슷한 자산관리상품 AMP으로 만들고 이를 은행들에 되파는 것이다. 이를 통해 기업 대출을 은행의 투자 상품으로 둔갑시킬 수 있다.

상황이 이런 만큼 중국은 그림자 금융을 통해 부채를 과도하게 쌓고 있으며, 이러한 부채의 상당 부분이 WMP나 AMP로 재포장된 상태라는 게 전문가들의 일반적인 분석이다. 오토노머스 리서치는 "WMP

와 중국 은행들의 규모가 너무 크고 구조는 너무 복잡해 2008년 글로벌 경제를 불안하게 한 요인과 같은 작용을 할 수 있다"고 우려했다. 또한 WMP는 자산을 숨겨진 통로로 이전해 은행의 건전성 지표를 왜곡한다고 하면서 "특히 WMP는 만기가 짧아 째깍거리는 '시한폭탄ticking time bomb'일 수 있다"고 경고했다.

이에 중국 금융당국은 그림자 금융의 위험을 막기 위해 규제를 대폭 강화하고 있다. 중국은행보험감독관리위원회는 시장 질서를 규제하고 소비자들의 권리를 보호하기 위해 금융기관들에 모든 투자상품을 판매할 때 이를 녹음하거나 녹화하도록 할 예정이라고 밝혔다. 또한 "금융상품 산업은 최근 몇 년간 빠르게 성장했고, 투자상품은 점점 더 복잡해지고 있다"고 전하면서 "이런 까닭에 일부는 판매를 오도하고 일부에서는 무허가 금융상품을 팔기도 한다"고 말했다.

인민은행도 앞서 2017년부터 은행 거시 건전성평가를 할 때 건전성 판단지표인 넓은 의미의 신용대출에 WMP를 추가하고 WMP를 위험자산으로 간주해 충당금을 일정 비율 쌓도록 의무화했다. 또 수익률 보장 관행을 금지하고 의무적으로 제3의 신뢰할 수 있는 수탁기관을 설정토록 했으며, 빚을 내 투자하는 레버리지도 순자산 가치의 140%까지만 허용하기로 했다. 이와 함께 개인투자자들이 WMP에 투자하는 것을 제한하고, WMP의 위험성에 대한 사전고시 의무를 강화했다.

이런 가운데 글로벌 포식자로 등장한 하이항 그룹이 그림자 금융을 통해 막대한 'M&A 실탄'을 조달한 것으로 드러났다. 블룸버그통신은 100여 개 투자 문서와 기업 서류를 조사한 결과 HNA 그룹의 12개 비상장 계열사들이 2017년까지 적어도 60억 달러의 주식을 신탁회사와 비은행 금융기관에 저당 잡힌 것으로 파악됐다고 전했다.

이들 계열사의 담보로 맡긴 주식 규모는 무려 200억 달러에 이른다. 일부 HNA 그룹 계열사는 은행 대출과 채권 발행 금리보다 상당히 높은 고금리를 지급하고 그림자 금융을 통해 자금을 조달했다. 지난해 초 이후 출시된 HNA 그룹 연계 신탁상품은 투자자들에게 7%의 평균 수익률을 약속해 중국 비금융 기업에 대한 은행 대출의 가중평균 금리 5.7%보다 크게 높았다.

'그림자 금융shadow banking'은 2007년 세계 최대 채권펀드 핌코PIMCO의 폴 맥컬리 수석 이코노미스트가 처음으로 개념을 정립했다. 사모 형식으로 자금을 모아 이를 통해 각종 결합상품을 만든 뒤 리스크가 높은 채권에 투자해 고수익을 노리는 투자기법이다. 은행과 유사한 기능을 하지만 은행과 달리 엄격한 건전성 규제를 받지 않는 금융사 간 거래를 통칭하는 것이다. 이 때문에 회계상 잘 드러나지 않고 자금세탁 등에 활용할 목적으로 정부의 통제를 받지 않는 비제도권 금융을 지향한다는 것이 특징이다. 2008년 글로벌 금융위기를 확산시킨 요인으로도 지목됐다.

중국이 미국 국채를
팔 수밖에 없는 이유

　　　　　　　　2017년 2월, 중국의 외환보유고 3조 달러 선
이 맥없이 무너졌다. '심리적 마지노선'인 3조 달러 아래로 곤두박질친
것은 2011년 2월 말 2조 9,914억 달러를 기록한 이후 5년 11개월 만이
다. 경제 성장세의 둔화로 자본 유출이 가속화하는 상황에서 중국 정부
가 위안화 가치 하락을 막기 위해 환율 개입(달러를 팔고 위안화를 사들임)에
적극적으로 나서는 바람에 3조 달러 선이 끝내 붕괴된 것이다.

　중국 중앙은행인 인민은행에 따르면 2017년 1월 중국의 외환보유고
는 전 달(3조 105억 달러)보다 123억 달러가 줄어든 2조 9,982억 달러를 기
록, '3조 달러' 마지노선이 깨졌다. 이에 따라 중국 외환보유고는 2014
년 6월 4조 달러에 육박하는 3조 9,932억 달러를 기록한 이후 불과 2년
6개월 만에 무려 1조 달러나 급감했다. 2016년 한 해 동안 중국에서 해
외로 빠져나간 자금도 전년보다 60% 이상 급증한 3,000억 달러를 넘어
선 사상 최대치를 기록했다고《일본경제신문》이 지적했다.

　중국이 매달 400~500억 달러 규모의 무역수지 흑자를 내고 있는 데
도 중국에서 자본이 썰물처럼 빠져나가는 것은 중국 경제성장 둔화세
로 위안화 약세를 예상한 투자자들이 중국 내에서 돈을 빼고 있기 때문
이다. 미국의 금리 인상 때문에 미국 자본이 되돌아가는 돈도 있고, 경
기 불확실성에 위안화 가치가 하락하자 중국 기업들이 외화 자산 확보

차원에서 해외기업 M&A에 공격적으로 나선 것도 한몫하고 있다. 게다가 M&A 등을 통해 수출 기업들이 벌어들인 외화를 중국으로 들여오지 않고 해외에 보유하고 있는 것도 자본 유출을 부추기는 요인이다.

중국은 2005년 위안화 평가절상과 관리변동환율제 도입 이후 자금 유입 확대에 힘입어 외환보유고도 해마다 2,000~5,000억 달러가 늘어나는 가파른 증가세를 보였다. 2005년 1조 달러(8,188억 달러)를 밑돌던 외환보유고는 2006년 10월 1조 달러, 2009년 4월 2조 달러, 2011년 3월에 3조 달러를 각각 돌파하며 자본이 밀물처럼 밀려들었다. 이 때문에 중국 외환 당국은 투기 머니 유입과 위안화 강세를 어떻게 막아내느냐가 시급한 과제가 됐을 정도다.

그러나 2015년 들어 경제성장률 6%대 후반을 유지하기에 급급했고, 그해 8월 5%에 가까운 위안화의 급격한 평가절하 탓에 중국은 위안화 가치 하락과 자본 유출을 걱정해야 할 정도로 상황이 급변했다. 이렇게 중국의 외환정책이 180도 변하게 된 것이다. 특히 중국 정부는 지난해 12월 미국의 금리 인상으로 연초부터 위안화 가치 하락을 막기 위해 환율 개입을 반복하면서 외환보유고 3조 달러 붕괴도 시간문제일 뿐이라며 머지않아 기정사실이 될 것으로 받아들이는 분위기였다.

국제 외환 전문가들은 중국 외환보유고의 심리적 지지선은 3조 달러 수준으로 판단하고 있다. 여기에 못 미치면 금융 위기 상황에 대비한 안전판이 부족할 수 있다는 것이다. 중국 경제전문가들은 중국 외환보유고 투자 대상의 유동성이 낮은 점, 그중 2조 8,000억 달러가 이미 다른 부채 충당에 쓰이고 있을 가능성 등의 이유로 3조 달러라 해도 실제 중국 정부가 쓸 수 있는 돈은 그에 훨씬 미치지 못할 것으로 우려한다.

다일리 왕 루비니글로벌이코노믹스 전략분석가는 "3조 달러가 시장의 심리에 영향을 줄 임계점"이라고 전망했다. 프랑스은행 소시에테제네럴은 IMF의 권고 기준을 이용해 외환 위기에 대처할 수 있는 중국의 적정 외환보유고 수준을 2조 7,500만 달러로 추정했다.

비록 3조 달러 선이 무너졌다고 하지만 중국의 외환보유고는 여전히 누구도 넘보기 힘든 세계 1위의 자리를 유지하고 있다. 그러나 감소 속도가 지나치게 빠르다는 것이 문제였다. 이에 당황한 중국 정부는 2016년 11월부터 500만 달러 이상의 해외 송금과 환전, 해외 M&A에 대해 사전 심사에 착수하고 올해 1월부터는 은행들에 개인 외화로 환전할 때 용도를 자세히 보고하도록 지시하는 등 자본 유출 막기에 안간힘을 썼다.

자본 유출 막기에 두 팔을 걷은 중국은 보유하고 있는 외환보유고 중 가장 환금성이 좋은 미국 국채를 내다 팔고 있다. 중국은 주로 미 국채를 내다 팔아 달러를 조달했으며, 이 달러로 위안화를 구매해 환율을 방어했던 것으로 분석된다. 지난 2008년 일본을 제치고 최대 미국 국채보유국에 올라섰던 중국은 이로 인해 최대 미국 국채보유국 자리를 일본에 다시 내줬다. 2019년 10월에 중국이 보유한 미국 국채 규모는 전

달보다 413억 달러가 줄어든 1조 1,200억 달러로 내려앉으며 자리바꿈을 한 것이다,

이 같은 수치는 2010년 7월 이후 최저치에 해당한다. 제프리스의 토마스 사이먼스 이코노미스트는 영국 《파이낸셜타임스》와의 인터뷰에서 "중국의 달러화 자산 매도와 외환보유액 감소 추이는 가볍게 여길 사안이 아니다"라며 "일부 트레이더들은 중국 금융당국이 벨기에에 예치된 미국 국채를 트레이딩하고 있는 것으로 파악하고 있다"고 전했다.

그런데 미국의 금리 인상 속도가 빨라지면 중국 정부는 딜레마에 빠질 수밖에 없다. 미국 달러화의 강세가 지속되면 상대적으로 위안화 평가절하가 지속되고, 자본유출도 한층 확대되면서 상황을 더욱 악화시킬 가능성이 높다는 얘기다. 위안화 환율은 2016년 6월만 하더라도 달러당 6위안대 초반까지 고공행진을 하며 5위안대로 진입할 기세를 보이는 초강세를 보였다.

하지만 지난해 하반기부터 위안화는 약세 기조로 돌아섰다. 미국의 금리 인상이 예견된 후 중국 본토에서 자금이 유출되기 시작하면서 위안화는 맥을 추지 못했다. 2017년 들어서도 연초 6.5위안 선에 머물렀던 위안화 환율이 현재 달러당 6.8604로 올라 7위안 선마저 위협받고 있다. 해외 투자은행IB들은 위안화가 지속적으로 평가절하돼 2017년 1분기 말이면 7위안을 돌파할 것으로 예상했다. 노무라증권의 경우 3개월 후 위안화 환율은 달러당 7.1위안까지 오를 것으로 내다봤다. 루키르 샤르

마 모건스탠리 수석 전략분석가는 "중국을 떠나기를 원하는 엄청난 자금의 대기 수요가 있기 때문에 미국 금리 인상의 최대 피해국은 중국이 될 것"이라고 분석했다.

일반적으로 통화가치 약세는 수출에 도움이 된다. 하지만 급격한 통화가치 약세는 국가신인도 하락과 대규모 외자 유출로 이어진다. '위안화 약세 → 자금 유출 → 외환보유액 감소 → 위안화 약세'의 악순환은 지난 1년 동안 중국 당국을 간단없이 괴롭혀왔다.

2016년 1월 '헤지펀드계의 대부' 조지 소로스George Soros 소로스펀드 회장을 중심으로 글로벌 헤지펀드들이 위안화 약세에 거액을 베팅하자, 중국 금융당국은 헤지펀드들의 버릇을 고쳐놓겠다며 막대한 외환보유고를 동원해 위안화를 사고 달러화를 팔면서 환율 방어에 나섰다. 그 결과 위안화는 급격한 평가절하 현상은 피했지만, 그만큼 외환보유고는 쪼그라들 수밖에 없었다.

시진핑의 중국몽을 향한
끝없는 욕망

'일대일로'를 구현할
메갈로폴리스를 구축하다

중국 정부가 오는 2035년까지 홍콩과 마카오, 중국 광둥廣東성의 9개 도시를 '단일 경제권'으로 묶어 첨단 기술력을 갖춘 도시군群으로 개발하는 내용의 '웨강아오粤港澳 다완취大灣區·Greater Bay Area' 계획을 공식 발표했다.

관영 신화통신에 따르면 중국 국무원은 모두 11장(챕터)에 걸쳐 2만 5,000자가 넘는 규모로 웨강아오 다완취의 청사진을 담은 '웨강아오 다완취 발전계획 개요'를 각 정부부문에 통지했다. 국무원은 이에 따라 2022년까지 웨강아오 다완취 프로젝트 구상의 기본 틀을 세우고 2035

년에 메갈로폴리스Megalopolis 경제체제 구축을 끝낼 방침이다. 웨강아오의 '웨粵'는 광둥성, '강港'은 홍콩, '아오澳'는 마카오를 각각 뜻한다. '다완취'는 대규모 베이Bay(연안) 지역이라는 의미다. 이 프로젝트 개발이 끝나면 미국 뉴욕베이와 샌프란시스코베이, 일본 도쿄베이 등 세계 3대 베이와 맞먹는 규모로 성장할 전망이다. 아시아 최대 단일경제권이 형성되는 것이다.

'중국판 실리콘밸리'로 개발하는 이 사업은 광둥성 광저우廣州를 비롯해 선전과 주하이珠海, 포산佛山, 중산中山, 둥관東莞, 후이저우惠州, 장먼江門, 자오칭肇慶 등 광둥성 9개 도시와 홍콩, 마카오를 하나로 통합하는 광역 경제권을 조성하는 거대 프로젝트다. 미·중 무역전쟁을 계기로 첨단기술 개발 중요성을 뼈저리게 느낀 중국 정부가 웨강아오 다완취를 첨단 도시 클러스터로 탈바꿈시켜 기술 선진국으로 발돋움하는 전초기지로 삼겠다는 구상이다. 특히 이 지역은 동남아시아와 남아시아, 중동, 유럽으로 향하는 필수 경로에 있는 만큼 시진핑 국가주석이 야심차게 추진하는 '일대일로' 사업의 핵심 지역이다. 이를 통해 일대일로 프로젝트 구축을 공고히 하겠다는 복안도 깔려 있는 셈이다.

웨강아오 다완취는 각 도시들이 지닌 특색을 강화하고 이들 지역 간에 협력·발전 플랫폼 구축을 최우선 목표로 하고 있다. '웨강아오 다완취 발전계획 개요'에 따르면 국무원은 광둥성과 홍콩, 마카오와의 협력 체제를 강화하고 주장珠江 삼각주 일대 9개 도시의 투자와 사업 환경을 글로벌 수준으로 끌어올려 새로운 개방형 경제체제를 구축하기로 했다. 핵심 내용은 ▲글로벌 기술허브 조성 ▲인프라 연계 가속화 ▲홍콩과 중국 본토 금융시스템 연계 ▲광둥성과 홍콩·마카오 산업협력 강화 등이다. 이를 위해 차세대 정보기술과 바이오 기술, 첨단 장비 제조와 신소재, 신형 디스플레이, 5세대 이동통신을 중점 산업으로 육성하고 산업단지를 조성할 계획이다.

국무원은 우선 웨이강아오 다완취의 핵심 도시인 광저우, 선전, 홍콩과 마카오에 각각의 역할을 부여했다. 광저우는 웨강아오 다완취의 내륙 행정 중심 도시로, 선전은 경제특구 및 혁신기술의 특별경제구역으로 각각 조성된다. 홍콩은 국제금융·무역·물류·항공의 중점 도시로, 마카오는 국제관광의 허브이자 브라질 등 포르투갈어 경제권과의 교류 중심으로 만든다는 게 목표다.

이들 도시의 연계 강화를 위해 '다완취 국제상업은행'을 설립하고 광저우 난사南沙신구를 자유무역시험구로 개발할 예정이다. 홍콩·마카오의 금융사 및 연구·개발R&D 기업들은 본토인 광저우와 선전, 주하이 등에 진출할 때 정부의 지원을 받을 수 있고 홍콩과 마카오 주민들도 이 지역에 취업할 경우 교육과 의료, 노후 대비, 주택, 교통 지원 등에서 본토 주민과 같은 혜택을 누리게 된다.

이런 까닭에 중국 정부는 웨강아오 다완취 조성이 '일국양제一國兩制(한 나라 두 체제, 즉 자본주의와 사회주의 체제의 공존)' 발전을 위한 사업이라고 강조한다. 쑹딩宋T 중국도시경제전문가위원회 부주임은 "현재 웨강아오 다완취 지역 내 분산된 사회 및 법률, 관습 제도 등이 자원의 자유로운 흐름을 저해해왔다"며 그러나 "이 프로젝트가 완공되면 이 지역의 통합을 돕고 5G 기술을 선도해 미국의 실리콘밸리에 필적하는 미래의 첨단 통신·정보기술 산업 중심지로 육성·발전시켜나갈 것"이라고 밝혔다.

웨강아오 다완취 프로젝트는 2017년 3월, 리커창 총리가 전국인민대표대회에서 처음으로 공개하면서 추진됐다. 이 지역은 세계 3대 항만 경제권과 겨룰 만한 자원, 경제 규모, 입지적 강점을 모두 갖췄다는 게 중국 정부의 평가다. 2017년 말 기준, 총면적은 5만 6,000㎢, 인구는 7,000만 명, GDP 규모는 1조 5,000억 달러에 이른다.

경제 규모로만 따져도 우리나라(1조 5,308억 달러)와 엇비슷하다. 여기에다 세계 3위와 5위, 7위 항구인 선전항과 홍콩항, 광저우항이 자리 잡고 있고 국제공항 인프라 등 물류 여건도 최상이다. 항공 여객 수도 연간 1억 1,000만 명에 이른다. 첨단 제조업 분야 입지 경쟁력에서 한국과 대만을 위협할 것이라는 우려의 목소리가 나오는 이유다. 홍콩상하이은행HSBC은 웨강아오 다완취 개발계획이 완성되면 세계 수출국 순위서 일본을 끌어내리고 유로권과 미국, 독일에 이어 4위에 자리매김할 것이라고 전망했다.

중국 정부는 이미 웨강아오 다완취 기반 시설 프로젝트에 수십억 달러를 쏟아부었다. 시진핑 국가주석은 프로젝트를 위해 2018년 10월 홍콩~주하이~마카오를 잇는 총연장 55km의 세계 최장 해상 다리인 강주아오대교港珠澳大橋를 개통했다. 해상 구간 22.9km와 해저 터널 구간 6.7km가 포함돼 있는 이 다리의 개통으로 자동차로 4시간, 배로 1시간이 걸리던 주하이와 홍콩 간의 거리가 30분대로 단축됐다. 같은 해 9월에는 광저우와 홍콩을 연결하는 고속철이 개통됐다. 이 덕분에 바다 위 다리와 고속철도 완공으로 이 지역 도시는 이미 1일 생활권에 진입했다. 웨강아오 다완취 지역의 9개 도시를 연결하는 경전철이 건설 중이고, 선전 등 광둥성 도시에 홍콩과 마카오의 금융·보험 인프라를 지원하겠다고 발표했다.

그러나 이 구상에 따라 홍콩과 마카오에 정착한 일국양제 제도가 사문화할수 있다는 목소리가 나온다. 홍콩 시민들은 그동안 중국 본토와 홍콩을 잇는 고속철 개통에 지속적으로 반대해왔다. 고속철이 개통되면 터미널 관리 등을 이유로 본토 관계자가 홍콩에 근무하며 정권에 개입할 여지가 생기기 때문이다.

홍콩 헌법에서는 중국 본토 정부 관계자가 홍콩에서 근무하는 것을 금지하고 있다. 하지만 홍콩 시민들의 강력한 반대에도 불구하고 중국 정부가 개입하면서 고속철이 개통됐다. 홍콩 야당인 시민당은 "홍콩 시민들이 이번 구상으로 가장 큰 영향을 받을 것"이라면서 "홍콩 시민들의 의견이 전혀 반영되지 않았다"고 맹비난했다. 다른 야당인 민주당 역시 "홍콩의 이익에 부합하지 않는 구상"이라면서 "결국 홍콩이 본토 도시들에 뒤처지게 될 것"이라고 불만을 터뜨렸다.

미국의 실리콘밸리와 같은 혁신 경제권에 비해 웨강아오 다완취 지역에는 R&D 인력이 부족하다는 지적도 있다. 광둥성에는 미국의 스탠퍼드대와 캘리포니아공대 등과 같은 글로벌 명문대가 없어 지속적인 인재 수혈이 쉽지 않은 까닭이다. 미국과의 무역전쟁도 악재다. 선전에는 통신장비업체 화웨이와 중싱中興통신ZTE, 게임 및 및 인터넷 서비스 업체 텅쉰, 세계 1위 드론 제조업체 다장촹신大疆創新·DJI, 전기차용 배터리 제조업체 비야디 등 중국의 대표적인 혁신기업이 몰려 있지만 이들 기업들이 미국의 집중적인 견제를 받고 있는 탓이다.

이런 가운데 홍콩 민주화 시위와 코로나19 사태는 웨강아오 다만취 건설에 부정적인 영향을 미쳤다. 지난해 '범죄인 인도법안'(송환법)으로 촉발된 홍콩의 대규모 민주화 요구 시위와 코로나19 사태가 이 구상에 제동을 건 것이다. 특히 2018년 11월 홍콩 시위대가 "우리는 홍콩 사람이다" "웨강아오 다완취로 돌아가라"며 친중親中 성향을 보인 한 남성의 몸에 불을 지르는 사건이 발생하는 등 홍콩인들의 반발이 거세다.

홍콩 시위 사태는 기본적으로 일국양제의 한계에서 비롯됐다는 게 전문가들의 지적이다. 홍콩을 중국의 사회주의 체제 안으로 끌어들이려는 구심력과 홍콩의 독자성을 유지하려는 홍콩 시민들의 원심력이 갈등을 일으키는 상황이 홍콩 시위 사태의 본질로 볼 수 있다. 이런 근본적인 문제가 해결되지 않는 한 웨강아오 다완취 프로젝트도 한계에 봉착할 수밖에 없다.

코로나19 사태 역시 웨강아오 다완취 구상에 걸림돌로 작용했다. 글로벌 채용정보 회사인 모건 매킨리 로 셰필드 중국 담당 상무는 "주로 정치적인 상황에서 비롯됐고, 코로나19 사태의 영향을 받고 있다"며 "중국 내 웨강아오 다완취 프로젝트 추진 지역에는 홍콩의 전문직 종사자들을 유치하는 작업이 여의치 않다고 지적했다. 중국 금은업무역장 CGSE 헤이우드 청 주석도 "박사 학위 소지자와 변호사, 건축가, 회계사, 보험중개인 등 웨강아오 다완취 프로젝트 추진에 필요한 홍콩의 인재들이 중국 광둥성으로 이주를 꺼리고 있으며, 코로나19 사태로 이 현상이 심화했다고 덧붙였다. 홍콩의 전문직 종사자들이 코로나19 사태를 계기로 광둥성 내 다른 도시로 이주하는 것을 꺼리면서 웨강아오 다완취 프로젝트에 새로운 장애물을 만났다는 얘기다.

제 살 깎아 먹기로
덩치 불리기에 급급한 중국

일대일로를 비롯해 시진핑 정권의 중국몽을 위한 무분별한 사업 확장은 처음 있는 일이 아니다. 2017년 7월 9일, 갑작스레 날아든 중국발 초대형 M&A 소식으로 세계 해운가는 하루 종일

웅성거렸다. 중국 최대 해운회사인 중국원양해운遠洋海運·COSCO이 둥젠화董建華 전 홍콩 행정장관의 동생 둥젠청董建成 일가의 소유인 해운업체 둥팡하이와이궈지공사東方海外國際公司·OOCL를 63억 달러에 인수하는 데 합의했다고 전해진 것이다.

COSCO는 수개월간 공을 들여 세계적 항만운영업체 상하이국제항무上海國際航務·SIPG그룹과 손잡고 OOCL의 지분 68.7%를 전격적으로 인수했다. M&A가 성사되면서 COSCO는 400척 이상의 선박, 290만 TEU(20피트 컨테이너 1대)의 운송 능력을 갖추게 되었다. 세계 해운시장 점유율(물동량 기준)도 11.6%로 수직 상승해 덴마크의 머스크(16.4%), 스위스의 MSC(14.7%)를 바짝 추격하는 세계 3위의 해운사로 발돋움했다.

중국 정부가 초대형 M&A를 통해 국유기업의 몸집을 불리고 있다. 글로벌 경제 불황이 지속되면서 규모의 경제를 통해 경영 효율성을 제고한다는 이유로 덩치를 키워 생존 전략을 모색하고 있는 것이다. 중국 정부 주도로 본격화하는 국유기업들 간의 M&A는 해운업과 석탄·전력산업을 포함한 에너지 부문, 중공업, 철강업종에 초점을 맞추고 있다고《파이낸셜타임스》등이 지적했다. 이번에 발표된 COSCO의 홍콩 OOCL 전격 인수도 같은 맥락으로 읽힌다.

중국 해운업의 구조조정은 2015년 하반기부터 시작됐다. 글로벌 해운경기 불황이 장기화되면서 몸집을 키우는 방식이 아니면 살아남기 어렵다는 것이 중국 정부의 판단이었다. 당시 해운업 순이익 증가율은

−103.5%였다. 물류(87.7%), 항공(58.0%) 등과 비교해 최악의 수준이다. 이에 따라 중국 정부는 그해 8월 중국 1위인 COSCO가 2위인 중국해운中國海運·CSCL과 '통합개혁 태스크포스TF'를 구성, M&A를 추진해 이듬해 2월 세계 4위의 COSCO로 공식 출범했다. 본격적으로 국유기업 초대형 M&A의 신호탄을 쏘아 올린 것이다.

해운업에 이어 에너지 부문에선 중국 신화神華그룹과 국전國電그룹이 발전 원가를 안정적으로 관리한다는 명분을 내세워 M&A를 추진 중이다. 선화그룹은 포천지 기준(2015년) 매출액 264억 5,000만 달러를 기록한 최대 석탄 기업이고, 궈뎬그룹은 매출액 305억 1,500만 달러로 중국 6대 전력사 중 하나다. 정부의 승인이 떨어지면 통합회사는 2,620억 달러의 자산을 보유한 공룡기업으로 부상한다.

대형 전력기업인 국가전력투자國家電投그룹은 중국화능中國華能그룹과 M&A를 타진하고 있다. 국가전투그룹은 매출액 306억 1,600만 달러, 중국화닝그룹은 매출액 432억 2,400만 달러에 이른다. 두 회사가 합병하면 원자력과 수력, 화력, 풍력 등 200여 개 발전소를 거느린 초대형 전력기업이 태어난다. 지난 3월에는 원자력발전 기업인 중국핵공업그룹中核·CNNC과 중국핵공업건설그룹核建·CNEC은 800억 달러 규모의 합병 계획을 발표했다.

철강업계에서도 M&A가 활발하게 추진되었다. 2016년 12월 바오강寶鋼철강과 우한武漢철강이 공식 합병을 한 것이다. 두 철강 대기업의 합병으로 탄생한 바오우寶武철강은 총자산 7,000억 위안, 조강 생산량 6,000만 톤으로 단숨에 세계 2위의 철강사로 떠올랐다. 또한 2019년에는 중국 6위 철강그룹인 서우강首鋼과 9위인 마강馬鋼의 주식을 인수했으며, 2020년에는 중견업체인 타이강太鋼 지분 51%를 무상으로 인계받는다고 발표했다.

중국 최대 화학업체인 중국화공化工·CHEMCHINA과 석유화학 기업인 중국중화中化·SINOCHEM도 합병을 추진하고 있다. 중국화공의 매출액은 414억 1,200만 달러, 중국중화의 매출액은 606억 5,500만 달러다. 두 회사를 합치면 독일 바스프BASF를 뛰어넘는 세계 1위의 화학그룹으로 도약한다. 중국화공은 특히 2017년 세계 최대 종자 기업인 스위스 신젠타 인수를 끝냈다. 인수금액 440억 달러를 써내 중국 기업 M&A 사상 최대 규모였다.

중공업계에서도 M&A 바람은 거세다. 중국기계공업機械工業그룹은 2013년 중기계 기업인 제2중형기계第二重型機械그룹을 인수한 데 이어 지난달에는 섬유기계 업체인 중국항천恒天그룹을 합병했다. 중국기계공업은 이를 통해 자산 규모를 520억 달러로 늘렸다.

중국의 국유기업들 간의 M&A는 국내적으로 과잉생산을 줄이고 과당 경쟁을 방지하며, 대외적으론 대형화를 통해 해외시장에서 경쟁력을 갖춘 글로벌 기업을 육성하겠다는 게 중국 정부의 정책 목표이다. 웬디 로이터트 미국 코넬대 행정학과 연구원은 "중국 국유기업의 초대형 M&A는 국내외에 두 가지 목표를 갖고 있다"며 "중국 내에서는 합병을 통해 과잉 설비를 줄이고 가격결정력을 높이며, 해외에서는 국가대표 기업으로 키워내 중국의 시장 점유율을 높여 가격 경쟁을 없애는 것이 목적"이라고 설명했다.

일부 국유기업은 시진핑 국가주석의 일대일로 관련 사업권을 따내기 위해 합병을 선택한다는 관측도 나온다. 중국 정부의 일대일로 인프라 투자 예산을 따내려면 국유기업 개혁이라는 정부 시책에 적극 호응하는 모습을 보여야 한다는 얘기다. 리진李錦 중국기업연구원 수석연구원은 "어떤 합병은 비슷한 기업들을 통합해 몸집을 키우고 경쟁을 줄이기 위함이고, 어떤 합병은 업계 가치사슬에서 상·하류 부문을 통합하기 위한 것"이라고 하면서 "일부 합병은 일대일로 사업과 관련해 국유기업들의 프로젝트 수주 준비를 목표로 한다"고 설명했다.

중국 1, 2위 고속철 제조회사인 중국 남차南車·CSR·북차北車·CNR그룹이 2014년 말 합병해 중국중차中車그룹으로 출범한 것이 대표적이다. 총자산 3,074억 위안 규모의 세계 최대 고속철 기업으로 떠오른 중국중차그룹은 프랑스와 독일, 일본 등의 고속철 강국을 제치고 급성장 중인 중국 고속철에 강력한 성장 엔진 역할을 톡톡히 해내고 있다. 2015년 매출액 378억 3,700만 달러를 기록해《포춘》지 선정 글로벌 기업 266위에 올랐다.

하지만 일각에선 중국의 국유기업 간의 초대형 M&A를 '부실기업의 덩치 키우기'로 평가절하한다.《파이낸셜타임스》는 "중국 당국은 강한 국유기업이 약한 라이벌 기업을 흡수하도록 유도하고 있다"면서 "기업 간 경쟁을 통해 경쟁력 있는 기업이 살아남는 시장경제를 따르지 않는 것"이라고 지적했다.

국유기업 간의 M&A는 지나치게 많은 부채와 비효율성 등 본질적 문제 해결을 미뤄 오히려 리스크를 키운다는 경고도 나온다. 현재 중국 기업들의 부채 규모는 중국 GDP의 160%를 넘어섰다. 이 가운데 국유기업이 그 대부분을 차지한다. 중국의 기업 부채 비율은 미국, 독일 등 선진국의 2~3배에 이르는 만큼 금융 위기의 진앙이 될 수 있다는 적신호가 커졌다.

M&A 이후의 이들 기업의 실적도 그다지 좋은 편은 아니다. 베이징 소재 리서치업체 자푸룽저우佳富龍洲·Gavekal Dragonomics에 따르면 국유기업들은 전체 투자액이나 은행 차관에서 차지하는 비중이 30%가 넘지만 GDP의 10%에 미치지 못하는 저조한 성과를 내고 있다. 셰옌메이謝艶梅 자푸룽저우 애널리스트는 "정부 주도의 합병은 시장에 의해 가장 적합한 기업이 생존하는 것이 아닌, 주로 강한 국유기업들이 약한 라이벌 기업들을 흡수하도록 만드는 식"이라고 비판했다.

중국 정부는
왜 '돈 폭탄'을 퍼붓는가?

중국은 경기 부양하기 위해 곧잘 '돈 폭탄'을 퍼붓는다. 중국 정부는 인프라 시설 투자재원 마련에 주로 쓰이는 지방정부의 특수목적채권 발행 규모를 대폭 늘리고 지급준비율과 정책 금리를 수차례 내려 유동성 공급을 확대하는 등 재정정책과 통화정책을 아우르는 고강도 경기 부양책을 펼친다. 이에 따라 경기는 반짝 성장하지만 중국 경제의 장기적 성장에는 그다지 도움을 주지 못한다. 언 발에 오줌 누는 식의 임시변통에 불과할 뿐 근본적인 해결책은 되지 못한다는 얘기다.

이 때문에 경제협력개발기구는 "중국이 성장 지속을 위해 부양책에 의존하고 있다. 부양책은 기업부문 채무를 늘리고 전반적으로 디레버리징(부채 축소)의 진전을 뒤집는 위험을 제기한다"고 지적했다. 그러면서 "사회기반시설 위주의 경기 부양은 불균형과 잘못된 자본 배분을 더욱 키울 수 있고, 이에 따라 중기적으로 성장 약화로 이어질 수 있다"며 과도한 차입 및 기업채무가 금융 리스크에 충격을 줄 수 있다고 경고하기도 했다.

지방정부의 '숨겨진 부채'가 정확한 통계 파악이 안 된다는 점도 문제 해결을 더욱 어렵게 만드는 요소다. 부채 규모 못지않게 중국 부채의 가파른 증가세도 문제다. 중국의 GDP 대비 부채 비율은 글로벌 금융위기 극복 과정에서 무리한 재정 확대 후유증으로 10년 사이 2배로 늘어났다. 2008년 말 중국 정부가 미국발 금융위기에 대응해 단행한 4조 위안 규모의 슈퍼 경기 부양책의 저주라고 할 수 있다. 장기적인 시장의 활력을 키우기보다 정부의 단기적 안정 역할에 중심을 둔 정책의 결과인 셈이다. 하지만 이런 부작용을 불러옴에도 불구하고 중국은 경기 부양책을 버리지 못하고 있다.

중국 경제발전 전략 수립과 거시경제 정책을 관리를 맡은 국가발전개혁위원회는 2019년 1월 15~16일 이틀간 웹사이트를 통해 네이멍구 자치구 후허하오터呼和浩特를 비롯해 산시성陝西省 시안西安, 장쑤성江蘇省 롄윈강連雲港, 후베이성湖北省 어저우鄂州의 공항 건설 계획을 승인했다고 공시했다. 구체적 내용을 보면 후허하오터 신공항의 투자액은 223억 7,000만 위안이 책정됐다. 시안 셴양咸陽 국제공항 제3 터미널 확충 공사에 471억 4,000만 위안, 롄윈강 공항 이전에 23억 1,300만 위안, 그리고 어저우 신공항에 320억 6,300만 위안 규모의 투자액이 각각 책정됐다. 이를 모두 합치면 1,038억 8,600만 위안이 넘는 엄청난 규모다.

2019년, 중국이 춘제를 앞두고 급랭하는 경기를 되살리기 위해 무려 3조 5,000만 위안 넘는 규모의 '돈 폭탄'을 살포했다. 미·중 무역전쟁의 직격탄으로 중국의 경기둔화 속도가 빨라진 것에 당황한 중국 정부가 1조 3,900억 위안 규모의 채권을 조기에 발행하고, 시중에 2조 1,300억 위안 규모의 유동성을 공급하는 등 천문학적 규모의 돈을 뿌려 경기 부양에 나선 것이다. 2008년 11월 글로벌 금융위기 때 푼 4조 위안의 88%

에 해당하는 초대형 돈 풀기 프로젝트인 셈이다.

신장新疆 위구르자치구와 허난성이 2019년 들어 지방정부 중 처음으로 채권 발행에 들어갔다. 위구르자치구는 지난 1월 14일부터 건설 프로젝트 자금을 조달하기 위해 100억 위안 규모의 채권을 발행하기로 했다. 신장자치구는 앞서 13일 40억 위안 규모의 일반 채권(일반채) 및 특수목적채권(특수채) 발행을 시작했다. 허난성도 15일부터 165억 위안 규모의 일반채와 288억 위안 규모의 특수채 발행을 시작했다. 새 채권 발행으로 확보되는 자금은 빈곤층 구제와 서민 주택 개조, 학교 건설, 도시 지하철 건설 등 사업에 투입될 예정이라고 허난성은 밝혔다.

중국 지방정부가 1월부터 채권 발행에 나서는 것은 극히 이례적인 일이다. 통상적으로 중국에서는 3월 열리는 전국인민대표대회(전국인대)에서 예산 규모가 확정되고 나서야 지방정부가 중앙정부로부터 신규 채권 발행 규모를 할당받아 채권 발행에 나설 수 있었다. 이런 만큼 지방정부의 채권 발행은 4월부터 가능했고 7월 이후에야 본격화되는 경향을 보였다.

그런데 2019년에는 지방정부들이 과거와 달리 1월부터 채권 발행에 나서 대대적인 공공사업을 추진하고 있다. 급속한 경기둔화에 대응하기 위해 중앙정부가 채권 조기 발행을 통한 돈 풀기를 적극적으로 독려하고 있기 때문이다. 전국인대는 지난해 12월 상무위원회를 열고 정부 기구인 국무원에 지방정부 채권 발행량 중 일부를 전국인대 연례회의의 승인 없이 먼저 발행할 수 있도록 하는 권한을 위임했다.

이에 따라 국무원은 각 지방정부에 모두 1조 3,900억 위안 규모의 채권 발행을 미리 허용하고 조기 발행을 통한 예산 집행을 주문했다. 이번에 승인된 지방정부채권(지방채) 가운데 8,100억 위안은 특수채로, 나머지 5,800억 위안은 일반채로 각각 발행된다. 류쿤(劉昆) 중국 재정부장은 "조기 지방채 발행으로 조달된 금액은 인프라 투자 등 핵심 프로젝트에 쓰이게 될 것"이라고 말했다.

중국은 이와 함께 춘제를 앞두고 시중에 2조 위안이 넘는 유동성 공급했다. 인민은행이 14~16일 내리 3일 연속 '공개시장 운영'(중앙은행이 유가증권을 금융기관을 상대로 사고 팔거나 일반공개시장에 참여해 매매, 즉 국채나 기타 유가증권을 매도하거나 매입함으로써 시중의 통화량을 늘리거나 줄인다)을 통해 시중에 모두 7,600억 위안 규모의 자금을 공급했다.

인민은행은 이와 함께 이번주 들어 역환매조건부채권RP(중앙은행이 일정 기간 후에 다시 매각한다는 조건으로 은행들로부터 사들이는 채권, 곧 중앙은행이 은행들로부터 채권을 사는 대신에 자금을 공급하기 때문에 시중에 그만큼 돈이 많이 풀리게 된다)운영을 통해 5,700억 위안의 유동성을 공급했다. 여기에다 15일 지준율 0.5%포인트 인하한 데 이어 25일 또 한차례 지준율 0.5%포인트를 떨어뜨려 시중에 8,000억 위안이 공급되면서 새해 들어 모두 2조 1,300억 위안의 자금이 풀렸다.

중국의 '돈 풀기 프로젝트'는 지난 4일 리커창 총리와 시중은행장과의 회동에서 예고됐다. 리 총리는 당시 회동에서 지준율 인하와 감세 등 조치를 통해 민간기업 지원에 총력전을 펼쳐 적극적인 경기 부양에 나설 것임을 강하게 내비쳤다. 인민은행 측은 이와 관련해 "만기가 도래한 국채 상환, 금융기관의 자금 경색, 기업들의 세금 납부에 따른 자금 수요 등 요인을 감안한 조치"라고 밝혔다. 중신中信증권은 "향후 경기 지표가 개선이 안 될 경우 당국은 통화정책을 더욱 완화하는 한편, 지준율 추가 인하 및 기준 금리 인하 가능성도 배제할 수 없다"고 내다봤다.

중국의 조기 집행과 유동성 공급은 미·중 무역전쟁의 충격파 속에서 경기둔화 속도가 예상보다 가팔라지면서 중국 경제에 대한 전반적 불안감이 커지는 상황과 밀접한 관련이 있다. 중국의 주요 경제지표는 미·중 무역전쟁 등의 여파로 중국 경기가 본격적으로 꺾이고 있음을 보여준다. 2018년 12월 31일 중국 국가통계국이 발표한 12월 제조업 구매관리자지수PMI는 49.4를 기록하며 29개월 만에 처음으로 50 아래로 떨어졌다. 이날 공개된 대표적인 민간 지표인 차이신 제조업 PMI도 49.7에 그쳤다. (지수가 50 아래로 떨어지는 것은 경기 위축을 뜻한다.)

이 같은 상황에서 중국의 중앙정부가 그동안 추진해오던 지방정부의 '부채 축소'보다 인프라 투자 확대 등의 부양책으로 경기를 떠받치는 것이 급선무라고 판단한 것으로 해석된다. 지방채 발행은 시중은행의 인프라 사업에 대한 대출 부담을 줄이는 효과도 기대할 수 있다. 무엇보다 지방채 발행을 통한 경기회복 여부를 살펴보며 중앙정부의 채권 발행량을 조율해 경기부양책을 다채롭게 운용할 수 있다는 효과도 있다. 중국 경제매체 차이신은 "지방채 발행을 연초로 앞당기는 것은 정부가 연중 혹은 연말에 추가로 (채권) 발행을 늘려야 하는지를 판단하게 할 수 있다"고 전했다.

중국 경제가 전반적으로 안정세를 유지하고 있다고 강조하던 중국 지도부조차도 상황의 심각성을 인식하고 경기하방 압력이 거세지고 있음을 공개적으로 시인하면서 위기의식을 부쩍 강조하고 있다. 리커창 총리는 2019년 1월 15일, 마윈馬雲 알리바바그룹 회장 등 경제학자·경제인 등 전문가들과의 간담회에서 "올해 경기 하방 압력이 가중되고 있다"며 "어려움과 도전에 대응하는 준비를 잘 해야 한다"고 강조했다. 중국이 감세와 인프라 투자 등 적극적 재정정책을 통한 부양책에 나서는 한편 시중에 충분한 유동성을 공급하겠다면서 통화완화 정책을 예고한 것이다.

그러나 중국 정부의 '무지막지한' 돈 풀기에 대한 우려의 목소리가 높다. 시진핑 국가주석이 역점 사업인 디레버리징 정책이 아직 효과를 보지 못한 판국에 글로벌 금융위기 때 같은 초대형 부양책과 전면적인 통화완화 정책을 펴기에는 정책적 여유공간이 너무 좁다는 지적이 나온다. 자칫하면 '실實'보다는 '실失'이 많아질 수 있다는 얘기다.

물론 중국 당정이 부채 관리와 산업구조 선진화를 통한 '질적 발전'이라는 정책 기조를 유지하겠다는 입장을 고수하는 가운데 경기 둔화에 대응해 사실상 이와 반대 방향인 경기 부양에 나서야 한다는 점에서 고민이 많은 게 사실이다. 이를 의식한 듯 리 총리는 "'온중구진穩中求進(안정 속 발전)' 기본 기조를 유지하면서도 거시 정책 도구들을 풍부하고 잘 사용해 나가겠다"고 강조했다.

무역전쟁 직격탄 맞아
텅텅 비어가는 중국 사무실

중국 정부가 3조 위안이 넘는 경기 부양책을 실시했음에도 중국 대도시들의 사무실이 텅텅 비어갔다. 2019년 당시 미·중 무역전쟁이 갈수록 격화되는 데 따른 중국 경제의 급격한 하강과 스타트업(신생 벤처기업) 시장 급랭, 공유 오피스(사무실) 확산 등 여러 요인이 얽히고설키면서 사무실 공실률을 높이는 데 부채질한 것이다.

《사우스차이나모닝포스트》에 따르면 '중국의 실리콘밸리'로 불리는 선전시의 A급 사무실 공실률은 지난 2분기에 사상 최고치인 16.6%를 기록했다. 1분기에 15%대에 머물렀지만, 미·중 무역전쟁이 장기화되고 스타트업들이 공유 오피스를 선택하면서 공실률이 1.6%포인트나 껑충 뛰었다. 선전시의 A급 사무실의 공실 면적 역시 사상 최대치다. 이는 면적으로 따지면 179만㎡(약 54만 1,000여 평)로 홍콩의 랜드마크 건물인 홍콩 국제금융센터IFC 타워의 10배에 이른다.

특히 텅쉰과 ZTE, 세계 최대의 드론업체인 DJI 등 중국의 대표적인 IT업체들이 몰려 있는 선전시 난산구는 2분기 공실률이 무려 20.3%까지 치솟았다. 미·중 무역전쟁과 공유오피스 확산 외에도 개인 간Peer to Peer-P2P 거래 대출업자, 무면허 자산관리업체, 메자닌Mezzanine(전환사채, 신주인수권부사채 등 주식으로 바꿀 수 있는 채권에 투자하는 것) 금융업자, 기타 비제도권 금융 서비스에 대한 중국 정부의 단속도 회사들이 A급 사무실에서 떠나게 만든 큰 원인 중 하나라고 SCMP는 지적했다.

중국 최대 보험그룹인 핑안平安보험의 핑안국제금융센터가 대표적인 예다. 빌딩 건설에 무려 15억 달러가 투입된 이 지상 118층짜리 타워(592.5m)는 2분기 현재 28%나 비어 있다. 한 세입자는 10층 사무실 공간을 자산운용사와 P2P 대출업체들에 재임대했지만 이들이 이사한 후 아직 사무실을 채우지 못했다. 글로벌 부동산컨설팅업체 CBRE그룹의 이반 칭 수석자문관은 "미·중 무역전쟁이 투자자와 기업들에 가장 큰 우려를 불러일으키고 있다. 이들 대부분이 확장 계획을 보류했다"며 "일부 중소기업, 특히 자산운용사가 규모를 축소하기 시작했다"고 설명했다.

중국 부동산 시장에 한파가 불어닥친 가장 근본적인 원인은 물론 미·중 무역전쟁에 따른 중국 경기의 급격한 하강을 꼽을 수 있다. 중국 정부의 디레버리징 정책과 핀테크 기업 규제 강화 등으로 기업의 경영난이 악화되고 P2P 대출회사의 줄도산하는 것도 심각한 문제다.

하지만 베이징과 상하이에 비해 유독 선전 오피스 공실률이 높아진 데에는 이 같은 요인이 복합적으로 작용했다는 분석이다. 우선 선전에 집중되어 있는 IT·핀테크 기업 창업자들이 경영난을 겪고 있다. 글로벌 부동산 서비스업체인 컬리어스인터내셔널에 따르면 선전 오피스 시장의 주요 손님은 금융·IT 등 첨단기술 업체들로 입주율의 50%를 차지하고 있다. 그런데 이들이 경영난으로 비용 절감을 위해 사무실 면적을 줄이거나 외곽으로 이전하면서 선전시 핵심상권 오피스 공실률이 높아지고 있다는 것이다.

구조적인 문제점도 있다. 지난 수년간 스타트업 열기에 힘입어 선전시 오피스 신규 공급 물량은 하루가 다르게 늘어난 반면 수요는 오히려 줄어들면서 공급과잉 현상이 빚어졌다. 지난 2014~2018년 선전시에서 해마다 신규 공급된 A급 오피스 물량은 평균 64만㎡에 이르는 데 비해 수요는 평균 49만㎡에 불과했다. 2019년 1분기에만도 신규 유입된 A급 오피스 물량은 50만㎡에 이른다. 하지만 실제 수요는 절반 수준인 25만 9,000㎡에 그쳤다. 빈 사무실이 넘쳐날 수밖에 없는 구조인 셈이다.

이 때문에 선전시 A급 오피스 전체 면적은 500만~600만㎡이다. 해마다 평균 100만㎡ 신규 물량이 유입되며 2023년엔 1,300만㎡까지 늘어날 전망이다. 쑹딩 중국도시경제 전문가위원회 부주임은 관영 중앙방송을 통해 현재 상황으로 볼 때 공실률은 앞으로 30%까지 오른 후에야 차츰 낮아질 것으로 내다봤다.

선전시의 공실률이 높아진 데에는 중국의 급격한 경기 침체로 투자처를 못 찾은 기업들이 부동산 시장에 뛰어든 것도 영향을 미쳤다. 실제로 올해 선전의 새 오피스 타워를 개발한 업체 15곳 중 4곳만이 주요 부동산 개발업체들이다. 나머지 다수는 소규모 건설업체와 제조업, 의료, 물류, 소매 분야의 투자 회사 또는 대기업들이다.

사무실 공실률이 높아지면서 이 같은 비전문 기업들이 가장 큰 타격을 받고 있다. 상하이에 본사를 둔 부동산 싱크탱크 이쥐연구원易居研究院의 옌웨진嚴躍進 연구개발 부문 디렉터는 "현금이 풍부한 비전문 기업들이 큰 수익을 기대하며 부동산 분야에 맹목적으로 진출했다"며 "부동산업계의 상품과 룰에 익숙하지 않고 빠른 대책 마련도 어려워 이들은 시장 침체 시 가장 큰 타격을 입을 수밖에 없다"고 말했다.

베이징과 상하이 등 중국 대도시들도 사무실 공급 과잉 현상이 수면 위로 떠오르고 있다. 부동산 서비스업체인 콜리어스에 따르면 2019년 12월 베이징 A급 오피스의 공실률은 15.9%까지 치솟았다. 이는 2010년 이후 최고 수준으로 치솟은 것이다. 벤처캐피털의 투자와 사모펀드의 기술 분야 투자가 계속 부진한 데다 중국의 2~3분기 성장률이 급격한 하락세를 기록하였고, 신규 오피스의 초과 공급 현상이 발생했기 때문이다.

중국의 3분기 경제성장률은 1992년 이후 가장 낮은 6%를 기록한 바 있다. 특히 자전거 공유업체 오포와 음식배달 서비스업체 메이퇀뎬핑美

團點評 등 IT업계에 감원 바람이 불며 이들이 입주한 베이징의 왕징望京이나 중관춘中關村 등지에서는 사무실 공실률이 30%에 이를 정도로 가파르게 상승했다. 콜리어 중국 북부 사무소의 찰스 옌 전무는 "기술 분야의 투자가 냉각되면서 기술 관련 스타트업의 수요가 크게 줄어들었다"고 원인을 설명했다.

중국 최대 경제도시로 불리는 상하이도 A급 사무소의 공실률이 상반기 중 4.4%포인트나 상승해 2분기에 18%를 기록했다. 10여 년 만에 가장 높은 수준이다. CBRE그룹에 따르면 14만㎡의 새 사무실 공간만이 입주자를 찾았다. 이는 1년 전과 비교하면 겨우 20%에 불과하다. 중국의 대표적인 부동산업체 소호차이나SOHO中國는 창립 20여 년 만에 가장 큰 규모인 78억 위안 규모의 사무용 자산을 매각했다.

세계적인 건축가 자하 하디드Zaha Hadid가 디자인한 소호 사무용 건물들은 2019년 6월 베이징과 상하이에서만 2만㎡의 사무 공간을 시장에 내놓았다. 판스이潘石屹 소호차이나 창업자 겸 회장은 판매 계획을 발표한 기자회견을 통해 "소호의 투자 자산은 현재 너무 크고 사무실 자산에 집중돼 있다"면서 "우리 자산의 수익률이 3%로, 4%인 은행 대출 비용에도 미치지 못해 앞으로는 임대수익형 부동산을 사지 않고 부지를 개발해 부동산을 판매할 것"이라고 말했다.

이런 가운데 중국의 주택 5채 중 1채가 빈집이라는 연구 결과도 나왔다. 중국 시난차이징대西南財經大 간리甘犁 교수의 연구에 따르면 지난해 중국 전역 363개 도시의 주택 공실률은 22%인 5,000만 채 규모로 조사됐다. 중국의 이 같은 주택 공실률은 세계 최고 수준이다. 일본(13.5%), 대만(14.2%), 미국(12.7%) 등과도 큰 차이를 보인다. '미친 집값'으로 유명한 홍콩의 주택 공실률은 3.7%에 불과하다.

중국에 빈집이 많은 이유는 실수요자보다 투기 세력이 주택 매입에 열을 올리고 있기 때문이다. 집값이 오르자 투기꾼들이 몰려들었고 이들이 다시 가격 상승을 부추기면서 실수요자들은 밀려나 빈집만 넘치게 됐다는 얘기다. 2013년 1분기부터 2019년 1분기까지 베이징 집값은 53% 상승해 전 세계에서 6번째로 높은 상승률을 기록했다.

부동산의 가치가 급상승한 것은 경기침체에 대응하기 위한 통화 완화정책과 지방정부의 부동산 투자 증가, 그리고 그림자 금융의 자본이 흘러들어왔기 때문이다. 하지만 이러한 부동산 가치의 급상승은 중국 부동산 거품에 대한 위험을 내포하고 있다. 특히 중국의 부채 수준이 과거 일본의 부동산 버블 붕괴나 미국의 '서브프라임 모기지 사태'가 벌어지기 전의 상황과 흡사한 양상을 보이고 있다는 점을 볼 때 중국 부동산 가치 급상승을 주의 깊게 살펴봐야 할 필요가 있다.

3

중국의
마지막 희망,
'IT 굴기'

'중국제조 2025'로
기술패권을 노리다

중국,
IT시장을 양분하다

　　　　　　화웨이·텅쉰·샤오미 등으로 대표되는 중국 IT산업은 내수를 넘어 글로벌 시장에서 고공 행진했다. 하지만 미중 무역전쟁이 격화되면서 화웨이 5세대 이동통신 장비뿐 아니라 스마트폰, SNS 등의 제품과 서비스들마저 글로벌 시장에서 퇴출 위기에 놓이면서 제동이 걸리는 모양새다.

　　그러나 중국 IT산업의 저력은 무한하다. 중국 경제의 가장 강력한 힘은 IT산업에 나온다는 말이 있을 정도다. 디지털 경제가 중국 GDP의 36.2%(2019년 기준)를 차지하고 있을 정도로 전 세계 어느 나라보다

IT산업이 급성장하고 있다. 전자상거래e-commerce 규모는 미국과 영국, 일본, 프랑스, 독일의 온라인쇼핑 거래 규모를 모두 합한 금액보다 더 크다. 중국의 모바일 결제시장 규모는 무려 249조 8,800위안에 이르고 있다.

또한 중국 알리바바그룹의 계열사인 마이蟻蟻·Ant그룹(前 마이진푸)은 기업공개IPO 규모가 345억 달러로 세계 최대 IPO 규모를 갈아치울 전망이다. 사우디아라비아의 국영 석유기업 아람코가 세운 종전 세계 최대 IPO 기록인 294억 달러를 훌쩍 뛰어넘는 수준이다. (그러나 2020년 11월 마이그룹은 상장 절차를 중단했다.)

마이그룹은 웨이신微信과 함께 모바일 결제 시장의 양대 산맥인 즈푸바오支付寶·Alipay, 중국 최대 규모의 통화펀드 위어바오余額寶, 중국 최대 소비 신용대출 회사인 화베이花唄를 주요 영업 내용으로 하는 중국 최대 핀테크 전문 기업이다. 중국 최대 차량공유업체 디디추싱滴滴追行은 기업가치 600억 달러로 우버보다 빠른 속도로 성장하고 있다. 중국 배달 애플리케이션(이하 앱) 어러머餓了麽 역시 중국의 탄탄한 내수시장과 그 어떤 나라보다 두터운 사용자 규모 덕분에 비약적인 성장을 하고 있다.

서비스 영역뿐만이 아니다. 인공지능 기술도 빠르게 발전하고 있다. 안면인식기술 스타트업인 상탕커지商湯科技·SenseTime는 창업 6년 만에 기업가치를 85억 달러로 끌어올렸다. 상탕커지는 중국 정부의 전폭적인 지원 아래 안면인식 기술을 실생활에 적용하면서 급성장했다. 신호등에 카메라를 달아 무단횡단하는 사람의 신원을 확인해 신고를 하고 공안(경찰)의 안경에 장착된 카메라를 이용해 수배자를 찾는 방식이다. 수억 명의 국민을 데이터베이스화하는 것에 중국 정부가 허용했기에 이같은 서비스의 현장 구현이 가능했다. 중국 정부는 무선통신과 인공지능 등 핵심 분야 기술의 글로벌 주도권을 잡기 위해 2020년부터 2025년까지 10조 위안을 투자하는 계획을 밝힌 바 있다.

중국 정부 지원과 보조를 맞추듯 막강한 자본력을 갖춘 바이두百度, 알리바바, 텅쉰과 같은 글로벌 IT기업들도 IT스타트업의 인큐베이터 역할과 투자 지원에 적극적으로 나서면서 중국의 IT산업은 기술적, 사업적으로 보다 완벽해지고 있다. 실제로 2009년부터 2017년까지 바이두는 134개, 알리바바는 296개, 텅쉰은 483개의 스타트업에 투자했고, 디디추싱·상탕커지 등 기업가치 10억 달러 이상의 비상장 기업인 중국 유니콘 기업(뛰어난 기술력과 시장 지배력을 바탕으로 10억 달러 이상의 기업가치가 있다고 인정받는 비상장 스타트업)들도 이들의 적극적인 투자 아래 성장하고 있다.

하드웨어 시장도 비슷하다. 중국은 '반도체 굴기'를 내세우며 전 세계 거대산업인 반도체 시장의 육성에도 힘쓰고 있다. 이미 비메모리 반도체 분야에 BAT(바이두, 알리바바, 텅쉰)가 나서서 AI 기술 기반의 신경망 처리장치NPU 칩셋 연구개발에 박차를 가하고 있다. 메모리 반도체 분야에서도 정부 차원의 인재 양성과 한·미·일 주요 핵심기술을 가진 기업 인수와 투자에 나서고 있다. 원천 기술 확보와 인프라 지원 등 중국 정부의 강력한 육성 정책이 본격화하고 있는 것이다.

에릭 슈미트Eric Schmidt 전 구글 회장은 "앞으로 10년 후 인터넷이 중국과 미국이 주도하는 2개로 갈라질 것"이라며 "중국의 디지털 경제의 비중과 속도가 빠르고 인터넷에 투자하는 규모도 크기 때문에 미국을 위협할 만큼 빠르게 성장할 것이라고 전망했다. 중국 정부의 적극적 지원과 성공한 IT기업들의 투자가 쌍두마차 역할을 하며 중국 기업을 전세계 산업을 선도하는 기업으로 만들고 있다고 볼 수 있다.

글로벌 유니콘 기업의
산실産室

중국의 데이터분석 알고리즘 전문 인공지능 스타트업인 '4패러다임4Paradigm·第四範式'이 2018년 12월, 중국 '유니콘 기업' 반열에 합세했다. 중국 화웨이 출신 엔지니어들이 3년 전 공동 설립한 4패러다임은 1억 5,000만 달러 규모의 투자금을 유치하는 데 성공해 기업가치를 12억 달러로 끌어올렸다. 4패러다임은 2018년 1월 세계 최대 규모의 공상(工商)은행, 중국은행과 건설은행 투자를 받은 데 이어 교통은행과 농업은행까지 끌어들이는 '혁혁한 전과'를 올렸다.

4패러다임은 AI 부문의 다른 스타트업들이 대부분 소비자 앱과 안면

인식 쪽에 초점을 맞추는 것과는 달리 데이터를 분석해 활용하는 복잡한 알고리즘 서비스를 저렴한 가격에 제공한 것이 성공의 주요인으로 꼽힌다. 기업은 몸값이 비싼 고급 엔지니어를 쓰지 않고도 4패러다임 서비스를 통해 보다 싼 가격에 데이터를 분석·활용할 수 있는 것이다. 4패러다임의 시스템은 중국 5대 국유은행과 관련된 사기 사건을 적발해내고 소비자들과 안전하게 거래할 수 있도록 지원함으로써 금융 부문에서 특히 주목받고 있다.

2018년 상반기 중국 유니콘 기업들이 유치한 투자액이 미국을 크게 앞지르며 중국이 글로벌 유니콘 기업들의 천국으로 떠올랐다. 《사우스차이나모닝포스트》에 따르면 미국 사모펀드 시장조사업체 프레퀸의 조사 결과 2018년 상반기 중국 유니콘 기업들이 유치한 투자액은 모두 560억 달러에 이른다. 같은 기간 미국 유니콘 기업들은 420억 달러를 유치하는 데 그쳐 중국이 미국을 크게 앞질렀다. 반면 글로벌 유니콘 기업 321개 가운데 중국 기업은 98개사(전체의 30.5%)인 데 비해 미국 기업은 162개사(50.5%)를 차지했었다. 중국의 유니콘 기업 수가 훨씬 적은데도 투자 유치액이 더 많다는 것은 중국 유니콘 기업들의 가치가 그만큼 크다는 의미로 해석된다. 2020년 기준으로 글로벌 유니콘 기업은 586개이며, 그중 미국이 233개로 가장 많고, 다음으로 중국이 227개다. 미국과 중국이 전 세계 유니콘 기업의 80%를 차지하고 있는 것이다.

더군다나 '데카콘Decacorn'(100억 달러 규모의 기업가치를 인정받은 스타트업)으로 불리는 기업 10개 중에서 중국 최대 전자상거래 업체 알리바바그룹 계열 금융업체인 마이그룹을 비롯한 중국 기업이 절반을 차지하고 있다. 알리안츠 글로벌 인베스터의 임원 레이먼드 찬Raymond Chan은 "중국은 유니콘 기업 배출과 관련해 점점 더 지배력을 강화하고 있다"며 "2018년 연구·개발 투자액에서도 중국이 미국을 앞지를 것"이라고 내다봤다. 2016년까지 5년간 중국의 연구·개발 투자액 증가율은 연평균 9.88%인 반면 미국은 2.01%에 머물렀다.

중국이 '글로벌 유니콘 기업의 산실'로 떠오르는 이유는 간단하다. 무엇보다 중국 정부 당국의 전폭적인 지지를 받는 덕분이다. 리커창 총리는 2015년 3월 '대중창업, 만중혁신大衆創業, 萬衆革新'이라는 기치를 내걸고 민간 주도의 창업 붐이 일도록 정부 차원에서 각종 규제를 개혁하고 지원하겠다고 천명했다. '창업 전도사'를 자임한 그는 세수정책, 금융정책 등 창업 관련 정책을 과감히 추진했다.

리커창 총리는 2015년, 400억 위안 규모의 신흥산업 창업투자 인도기금을 조성하는 한편 감세와 면세 범위를 확대해 소규모 스타트업에 대한 감세 규모를 최대 1,000억 위안까지 끌어올렸다. 스타트업의 등기 비용을 없애고 창업 행정절차를 지방정부에 이양하면서 기업 등록 절차를 간소화하는 등 개혁 조치도 실시했다. 이때부터 새롭게 문을 여는 스타트업이 우후죽순처럼 늘어나며 하루 1만 6,000개를 넘어섰다.

코트라KOTRA 상하이무역관 등에 따르면 중국 유니콘 기업 1위로는 마이그룹이 꼽힌다. 기업가치 평가액은 무려 2,000억 달러를 넘는다. 2014년 설립된 마이그룹(당시 마이진푸)은 전자결제 서비스인 즈푸바오를 선보이며 선풍적인 인기를 끌었다. 2018년에는 싱가포르투자청과 말레이시아 국부펀드, 미 칼라일그룹 등으로부터 140억 달러를 유치하는 기염을 토했다. 하지만 게임 및 인터넷서비스업체 텅쉰騰訊그룹의 계열사인 웨이신즈푸微信支付·Wechat Pay와 치열한 점유율 전쟁을 벌이며 수익을 나눠 먹기 하는 바람에 기업공개IPO가 지연되었고, 2020년 11월에 상장될 예정이었으나 중국 정부가 창업자인 마윈과 경영진 두 명을 호출한 후 상장이 취소되었다.

사용자 취향을 겨냥한 인공지능 기반의 뉴스앱인 진르터우탸오今日頭條는 사용자들이 읽었던 뉴스 데이터를 AI로 분석해 맞춤형 서비스를 제공한다. 이 뉴스앱을 개발한 바이트댄스의 기업가치 평가액은 750억 달러(2018년 12월 기준)로 2위를 차지했다. 대표 상품인 비디오 공유 플랫폼 더우인TikTok의 월 평균 이용자 수는 무려 8억 명에 이른다.

중국 유니콘 기업 3위는 차량 공유업체 디디추싱으로 기업가치 평가액은 560억 달러다. 중국 평안平安보험의 계열사인 개인간P2P 거래 대출업체 루진숴陸金所·上海陸家嘴國際金融資産交易市場公司·LU.com는 기업가치가 330억 달러로 평가됐으며 2020년 10월 미국에서 상장했다.

중국 유니콘 기업들은 베이징과 저장성 항저우, 상하이, 광둥성 선전 등 네 개 도시에 집중적으로 포진해 있다. 《일본경제신문》에 따르면 중국 유니콘 기업들이 자리 잡고 있는 곳은 베이징 70개사와 상하이 36개사, 항저우 17개사, 선전 14개사 등이다. 이 지역에 유니콘 기업들이 몰려 있는 것은 인재들이 모여 있고 민간펀드 역시 활발해 기업 활동에 유리한 까닭이다.

베이징의 경우 북서부에 칭화대와 베이징대 등 중국 최고 명문대와 중국과학원 등 연구소가 모여 있어 산학협력이 활발하다. 때문에 대학과 연구소의 협력에서 태어난 스타트업이 헤아리기 어려울 정도로 많다. 로봇택배 업체인 전지즈닝眞機智能·Zhenrobotics은 2016년에 창업한 스타트업이지만 석사에게 연봉 30만 위안(2018년 기준)을 주는 등 파격적인 대우로 인재 유치에 나서고 있다.

알리바바그룹 본사가 있는 항저우는 전자상거래는 물론 여기서 파생된 금융 및 물류, 빅데이터 분석 등 새로운 스타트업이 우후죽순처럼 생기고 있다. 항저우를 대표하는 유니콘 기업들 가운데는 알리바바그룹의 신규 사업을 분사한 곳이 많다. 전자결제 부문 선두를 달리는 즈푸바오가 항저우에 자리 잡고 있는 만큼 전자결제와 관련된 P2P 대출이나 기업 간 송금을 다루는 핀테크 기업이 앞다퉈 창업하고 있다. 민간펀드 역시 활발한 만큼 항저우가 유니콘 기업이 탄생하기 좋은 환경이다. 특히 알리바바그룹 출신들이 창업을 하면 알리바바그룹의 직원들이 출자하는 경우도 더러 있는 것으로 알려졌다.

삼성 타도를 외치는
중국 스마트폰 3인방

2018년 3월 29일 밤, 세계 최대의 불교 건축물로 세계문화유산으로 등록된 인도네시아 자바섬의 보루부드르사원은 화려한 조명 불빛 아래 젊음의 열기로 뜨겁게 달아올랐다. 중국의 스마트폰 업체 비보ViVO가 신제품 'V9' 출시에 맞춰 인도네시아의 중국계 가수 아그네즈 모Agnez Mo를 비롯해 현지 유명 가수들이 총출동한 콘서트를 곁들인 갈라쇼를 개최해 젊은이들을 유혹한 것이다. 비보의 V9 출시 행사는 당시 현지 TV 방송국 12곳의 전파를 타며 인도네시아 스마트폰 시장을 뒤흔들었다. 이 행사는 비보뿐만 아니라 오포, 샤오미 등 스마트폰 중국 3인방의 인도네시아 시장 장악을 알리는 '축포'의 성격을 띠고 있다는 게 전문가들의 분석이다.

중국 스마트폰 업체들이 동남아시아 스마트폰 시장 공략에 '올인'하고 있다. 특히 중국 스마트폰 3인방이 동남아 시장에서 일제히 약진함에 따라 삼성전자의 1위 자리 수성마저 위태로운 형국이다. 중국 스마트폰 업체들이 동남아 시장에 총공세를 펼치는 것은 스마트폰이 보편화되면서 중국 내 스마트폰 시장이 포화상태에 이르러 판매량이 급속히 감소하고 있기 때문이다. 《파이낸셜타임스》는 "중국 업체들은 세계 제1위의 스마트폰 시장인 중국 국내시장이 포화상태에 이른 데다 미·중 간 무역전쟁이 격화하면서 미국 시장보다는 인도와 동남아 시장으로 눈을 돌려 집중 공략하고 있다"고 분석했다.

동남아 시장에서 중국 스마트폰 업체들이 급성장할 수 있었던 주요 인은 엄청난 물량 공세 덕분이다. '스타 파워(유명인을 이용한 인기몰이)'를 통해 브랜드를 각인시키는 동시에 대도시에서 시골에 이르기까지 판매 망을 구축하는 등 철저한 물량 작전을 펴고 있다. 지하철역과 쇼핑센터 등 유동 인구가 많은 곳에는 현지 유명 배우가 중국 제품 광고판을 점령해 눈길을 사로잡고 있다.

판매 보조금 등을 지원하며 오프라인 매장 관리에도 공을 들이고 있다. 스마트폰 전문 판매점의 간판 순서조차도 매장 관리자에게 웃돈을 줘서 눈에 가장 잘 띄는 곳에 배치한다. 판매점은 물론 영업사원에게도 1대당 수천 원에 해당하는 인센티브를 제공한다. 미얀마에서는 오포와 비보 스마트폰 15대를 주문한 매장에 인테리어 장식과 함께 판촉사원 1명도 파견하기도 했다.

젠슨 오이 IDC 애널리스트는 "중국 업체들은 매장 단위의 판매 장려 금 외에 영업사원 개인에게도 장려금을 지급한다." "스마트폰 1대를 팔 았을 때의 수익이 삼성전자보다 많다"고 말했다. 이에 힘입어 중국 스 마트폰 판매점들이 대폭 늘어나면서 중국의 시장 점유율을 높이고 있 다. 2015년 태국의 오포 판매점은 2,000개를 밑돌았으나 2017년 9월에 는 1만 개를 넘었을 만큼 폭발적으로 증가했다.

저가정책 전략도 한몫한다. 비보의 신제품 V9의 가격은 1만 1,000바트로 2015년 출시된 구형 모델인 아이폰6(1만 8,500바트)보다 훨씬 저렴하다. V9은 6.4인치의 패블릿급 대화면 사이즈와 안면인식기능 등을 탑재해 품질 면에서도 뒤떨어지지 않는다. 스마트폰을 구매하기 위해 살펴보던 한 여성은 "아이폰·오포·비보 간 차이가 거의 없다"며 "어떤 제품을 사야 할지 고민이 된다"고 털어놨다. 오이 IDC 애널리스트는 "동남아 시장에서 휴대전화 가격은 100~150달러 선으로 책정돼 있다"면서 "구형 아이폰조차 이 부분에서는 소비자에게 다가갈 수 없다"고 지적했다.

중국 업체는 드라마에 제품을 협찬하는 간접광고에도 적극적이고 제품 프로모션에 필요한 물품을 무료로 제공하기도 한다. 체험 마케팅을 강화해 현지인들과 친밀도도 높이고 있다. 비보는 지난해 국제축구연맹FIFA과 2018년, 2022년 월드컵 스폰서 계약도 맺었다. 동남아 국가에서 축구의 인기가 대단하기 때문에 브랜드 파워를 더욱 높이기 위한 조치를 취한 것이다. 이 덕분에 중국 스마트폰 업체들은 동남아 시장에서 승승장구했다.

중국 스마트폰 3인방의 약진으로 삼성전자는 중가형 스마트폰을 출시하는 등 공략을 강화하며 수성에 나섰지만 2017년 인도 시장에 이어 2018년 태국 시장에서 1위 자리를 내줬다. 2017년 2분기에는 동남아시아 스마트폰 시장의 전체 출하 스마트폰 중 중국 브랜드가 차지하는 비중은 62%까지 치솟았다. 전년 2분기 50%보다 눈에 띄게 늘어난 수치다. 샤오미·오포·비보 등 스마트폰 3인방이 혁혁한 공을 세웠다.

2018년 들어서부터는 삼성전자와 중국 스마트폰 업체들이 동남아 시장을 놓고 엎치락뒤치락하고 있다. 삼성전자가 1분기에 1위를 탈환했다가 2분기 때 중국 업체들에 1위 자리를 내줬고, 3분기에 다시 탈환하는 등 한 치 앞도 내다볼 수 없을 정도다. 삼성전자는 2020년 1분기 시장 점유율 18.9%로 1위를 차지했고, 오포가 18.7%로 삼성을 턱밑에서 추격했다. 샤오미(14.8%), 비보(13.6%)가 3, 4위를 차지했다. 그러나 2분기에 오포가 시장 점유율 20.3%를 보이며 1위를 탈환했다. 삼성전자는 19.5%로 2위를 차지했다.

또한 삼성전자는 인도 시장의 2020년 3분기에 24%의 점유율로 샤오미를 밀어내고 1위 자리에 올랐다. 삼성전자의 3분기 스마트폰 판매량은 지난해 같은 기간보다 32% 증가해 점유율이 4%포인트 높아졌다. 반면 샤오미의 점유율은 같은 기간 3%포인트 낮아진 23%로 집계됐다. 코로나19 사태 영향으로 생산에 차질을 빚으며 공급망에 영향을 주며 다소 주춤한 것으로 분석된다. 비보는 전년 같은 기간보다 1%포인트 감소한 16%, 오포는 2%포인트 늘어난 10%를 각각 기록해 3, 5위에 올랐다.

이런 가운데 미국의 화웨이에 대한 제재가 본격화되면서 스마트폰 3인방들의 경쟁이 치열하다. 2020년 9월, 미국 산업보안국이 화웨이에 부과한 제재에 따라 미국에서 생산된 반도체 부품은 미국 상무부의 허가를 받지 않고는 공급을 할 수 없도록 한 까닭이다. 화웨이는 지난해부터 미국 제재가 강화될 것에 대비해 미 공급업체로부터 전략부품 비축을 늘려와 올해 1억 7,000만대의 스마트폰을 생산할 물량을 확보한 덕분에 올해 연말까지 스마트폰 생산에는 차질이 없는 것으로 알려졌다.

하지만 샤오미 등 다른 스마트폰 업체들은 미국 제재의 장기화에 대비해 공격적인 부품 확보와 함께 생산 목표치도 상향 조정하고 있다. 이들 업체 중 가장 적극적인 기업은 샤오미고 그 뒤를 오포가 잇고 있다. 다만 반도체 생산 능력의 한계에 직면한 화웨이는 스마트폰 주요 구성부품의 잠재적 부족에 직면할 가능성이 크다. 즉, 화웨이에 부품을 공급하는 업체들이 적시에 미 정부로부터 라이선스를 획득하지 못할 경우 내년 1분기 또는 2분기 이후 심각한 생산량 감소로 이어질 가능성이 클 것으로 보인다.

중국 스마트폰 업체들은 6세대 이동통신6G 개발을 선도하고 있다. 6G는 초고속 전송속도와 초저지연 무선통신을 상용화한 차세대 통신 기술이다. 아직 기술 개념이 명확하지 않지만, 최대 전송속도가 5G보다 50배 빨라지고 무선 지연시간은 5G의 10분의 1로 줄어들 것으로 본다. 6G가 상용화되면 차량, 로봇, 드론, 가전제품, 디스플레이, 건설기계 등 다양한 기기가 통신 네트워크로 연결돼 시간과 위치의 제약 없이 필요한 정보와 서비스에 접속할 수 있다.

가상현실VR과 증강현실AR을 혼합한 확장현실XR과 홀로그램 같은 몰입형 멀티미디어 서비스도 가능해질 전망이다. 6G 개발에 가장 먼저 뛰어든 오포는 3년간 500억 위안의 연구개발 자금을 투입해 6G를 개발하기로 했다고 지난해 공표했고, 샤오미는 창업자인 레이쥔이 2020년 5월 말 6G 기술의 초기 연구를 시작했다고 직접 밝혔다. 비보도 10월 "이미 6G 연구를 시작했으며, 일부 현장과 핵심 기술에 대한 연구를 포괄한다"고 전했다.

중국이 선도하는 IT기술은 통신기술에만 머무르지 않는다. 징둥팡커지京東方科技·BOE 등 중국 디스플레이 제조업체들은 중국 정부의 지원금을 받아 6세대급 유기발광다이오드OLED 라인을 만들며 스마트폰 시장에 지각변동을 일으킬 조짐이다. 중국 1위 디스플레이 업체인 징둥팡커지는 잉크젯 프린트 방식으로 8K OLED TV 패널 시제품을 만들었고, 아이폰 12인치, 6.1인치 중소형 OLED 패널 일부를 애플에 납품하기로 했다. 징둥팡커지는 "5년 내 스마트폰 OLED 시장 점유율 40% 이상을 차지하겠다"며 한국을 따라잡겠다는 선전포고를 하기도 했다.

그동안 한국이 독점적 지위를 누려오던 중소형 OLED 패널 시장에 중국의 그림자가 짙게 드리우고 있다. 지난해까지 아이폰에는 삼성디스플레이의 중소형 OLED가 탑재됐다가 올해부터 1개 모델에 LG디스플레이의 제품도 실리고 있다. 아이폰12 미니, 아이폰12 프로, 아이폰12 프로맥스에는 삼성디스플레이가, 아이폰12 기본형에는 LG디스플레이가 각각 패널을 납품한다.

이 같은 이유로 징둥팡커지가 정식 공급업체가 되고 점차 납품 물량을 늘릴 수도 있다는 우려가 나온다. 물론 징둥팡커지에서 이번에 공급하기로 한 패널은 리퍼브(수리)에 쓰이는 것으로, 유의미한 수준까진 아닌 것으로 알려졌지만 한국 디스플레이 업계를 궁지에 몰아넣고 있는 것은 사실이다. 때문에 한국 관련 업체들은 프리미엄 스마트폰 관련 산업 분야에서 계속되는 기술 초격차 본능을 발휘하는 한편 중저가 등 다양한 브랜드 라인업을 가동해 자체 생태계를 구축하는 것이 바람직하다.

하늘을 점령하는
중국의 군사용 드론

2019년 5월 1일 밤, 반군 리비아국민군LNA이 리비아 통합정부군GNA이 장악하고 있는 수도 트리폴리를 향해 야간 공습을 단행했다. LNA가 보유한 전투기는 너무 낡아 야간 공습을 할 수 없는 탓에 드론(무인기)이 투입됐다. 그 드론은 중국산 정찰·공격용 '이룽翼龍 2호'일 가능성이 높다고 유엔 전문가 패널이 유엔안전보장이사회(안보리)에 제출한 보고서를 통해 밝혔다.

4월 24일 트리폴리에서 이룽 2호가 발사할 수 있는 중국산 미사일 잔해가 발견된 것이 그 근거라고 전문가 패널이 전했다. 중국항공공업그룹航空工業·AVIC 청두成都항공기연구소가 개발한 이룽 2호는 감시·정찰,

지상공습 등 다목적 군사작전을 수행할 수 있는 대형 제품인 데다 미사일과 폭탄을 최대 480kg까지 실을 수 있고 비행 시간도 32시간에 이르는 고성능 드론이다.

중국이 세계 군사용 드론 시장을 쥐락펴락하고 있다. 미국과 달리 중국 정부가 군수 드론 수출에 제한을 두지 않고 있는 데다 미국산보다 가격이 훨씬 저렴한 까닭에 개발도상국 등 제3세계 국가들이 선호하고 있다는 분석이 나온다.

《사우스차이나모닝포스트》에 따르면 중국은 지난 5년 사이 세계 13개국에 153대의 군사용 드론을 판매해 세계 최대의 군사용 드론 수출국의 자리에 올랐다. 세계 1위 무기 수출대국인 미국을 크게 압도한다. 미국은 드론 수출 규제 탓에 10년 동안 영국에 군사용 드론 5대를 수출하는 데 그쳤다. 특히 세계 드론 시장 규모는 145억 달러이며 2020~2025년에 연평균 8.3% 성장이 기대되는 등 드론 시장이 급속히 확대되고 있다.

중국산 군사용 드론을 구입하는 나라는 이집트를 비롯해 이라크, 요르단, 사우디아라비아, 아랍에미리트연합UAE 등 대부분 중동 국가들이다. 실제로 영국 합동국방안보연구소RUSI가 발표한 '중동 지역 무장 드론' 보고서에 따르면 중동 주요국이 중국 군사용 드론을 구입해 군사작전에 활용하는 사례가 크게 늘어나고 있다. 사우디가 예멘 내전에서 후티 반군을 상대로 싸우면서 군사용 드론을 활용하고 있는 게 대표적이다. 사우디는 2016년 이룽 2호 30대를 구매했는데 중국이 해외에 군사용 드론을 수출하기 시작한 이후 최대 규모로 알려져 있다.

이라크는 2015년 중국 중국항천과기그룹中國航天·CASC이 개발한 '차이훙-4彩虹-4'의 개량형인 'CH-4B'를 3대 구입했고 2대를 추가로 사들였다. 이라크 정부가 미국에 고고도 정찰용 드론 'MQ-1 프레데터'를 주문했지만 거절당했기 때문이다. (MQ-1은 아프가니스탄 전쟁에서 이슬람 극단주의 국제테러단체 알카에다 지도부 제거 작전에 투입돼 이름을 알린 드론이다.) 이라크 정부는 테러단체의 군수품 보관소, 지대공 미사일 구축 지역 공격을 위해 260여 차례에 걸쳐 중국산 군사용 드론을 사용했다고 털어났다.

스웨덴 스톡홀름국제평화연구소SIPRI의 난티안 연구원은 "군사용 드론은 중국이 가장 두각을 나타내고 있는 군사 기술 발전의 결과물"이라며 "중국은 과거 러시아, 우크라이나, 프랑스 등 다른 나라에 무기 수입을 의존해 왔으나 지금은 중국항공공업그룹과 중국북방공업공사北方工業·NORINCO 등 중국 기업들이 만든 무기를 수출하는 경우가 많아지고 있다"고 설명했다. 그러면서 "중국은 무기를 만드는 데 자급자족할 정도로 군사 기술이 진보하고 있다"고 덧붙였다.

UAE는 2013년 미국과 다수의 MQ-1 구입 계약을 체결했지만 막상 2018년에 인도받은 드론이 미사일을 장착할 수 없는 비무장 모델이었다. 미국이 무장 드론 판매를 승인하지 않은 것이다. 이후 UAE는 '이룽'을 다수 구입한 것으로 알려졌다. UAE와 중국 모두 공식적으로 확인을 해주지 않고 있지만 UAE 공군기지에서 중국산 드론이 수차례 포착됐다. 이에 당황한 트럼프 미 행정부는 2018년 4월 무장 드론 수출규제를 완화하며 견제에 나섰다. 영국의 안보 싱크탱크인 왕립합동군사연구소 RUSI는 "미국의 정책 변화에도 중동 지역에서는 중국 군사용 드론의 인기가 당분간 계속될 것"이라고 내다봤다.

중국의 군사용 드론이 강세를 보이는 것은 중국 인민해방군이 5년 전부터 민간기업에 국유 방산업체와 경쟁할 기회를 제공했기 때문이다. 중국 정부는 군사 기술을 개발하는 민간기업에 3,870억 위안의 자금을 쏟아부었다. 이 같은 규모의 투자는 민간기업이 각종 신기술 개발 등을 통해 드론산업을 획기적으로 발전시킬 수 있는 원동력이 됐다.

중국 정부가 2009년 민간 드론 규제 지침을 마련하고 각종 규제를 완화해온 점도 드론 기술 발전에 한몫했다. 드론산업은 안보와 사생활 침해 우려가 큰 만큼 정부가 규제 가이드라인을 설정하지 않으면 발전하기 어려운 까닭이다. 미국 외교협회CFR의 로랜드 라스카이 연구원은 "중국 정부는 인민해방군의 현대화를 위해 반도체와 에너지 솔루션, 드론, 항공우주 등 첨단기술에 특화된 일련의 스타트업이나 민간기업에 대규모 자금을 투입했다"고 지적했다.

미국 역시 중국 군수 드론 발전에 일정 부분 기여했다. 미국은 그동안 군사 기술 유출을 우려해 선별적인 무기 수출정책을 펴왔다. 이라크와 요르단, UAE 등이 미국으로부터 군사용 드론을 도입하려 했으나 미국이 판매를 거부했다. 그런 상황에서 중국이 이 틈새를 공략한 것이다. 미국에 뒤지지 않는 기술 경쟁력과 저렴한 가격을 앞세워 중동 국가들을 상대로 무기 세일즈를 적극적으로 펼쳤다.

중국은 특히 군사용 드론이 이슬람 극단주의 무장단체IS 등의 테러 위협에 이상적으로 대응할 수 있는 무기임을 강조해 좋은 반응을 얻었다. 크고 작은 안보 위협을 안고 있는 중동·아프리카 국가들을 잠재적 고객으로 보고 대당 가격 400만~1,500만 달러 안팎으로 폭넓게 운용해 왔다. 미국 싱크탱크 랜드연구소의 티머시 히스 선임연구원은 "미국 정부는 드론이 정치적 반대파나 소수 집단 등을 살상하는 데 쓰일 것을 우려해 수출에 제한을 뒀지만, 중국은 이런 제한이 없어 누구나 이를 사들일 수 있다"고 우려했다.

중국 군사용 드론 가운데 가장 널리 알려진 기종은 CH-4다. 이라크 정부군은 2015년 IS가 점령 중이던 라마디를 공격할 때 CH-4로 IS 진지를 공습해 상당한 타격을 입힌 적이 있다. CH-4는 미국의 MQ-9 리퍼와 유사하다. 항속거리는 3,500km, 비행시간은 40시간에 이른다. 미국의 헬파이어 공대지 미사일과 맞먹는 AR-1 레이저 유도미사일과 FT-9 GPS 유도탄을 장착할 수 있다. CH-4는 대당 공식가격이 400만 달러에 불과해 개발도상국에서도 어렵지 않게 구매할 수 있다.

예멘 내전이나 IS 소탕전 등에 투입되면서 실전에서의 성능도 검증받았다. 사우디와 이집트, 이라크, 요르단, UAE, 미얀마, 파키스탄 등이

CH-4를 도입해 실전 배치했다. 중국은 현재 CH-4의 개량형인 CH-5를 개발해 수출하고 있다. CH-5는 탑재능력이 CH-4의 2.5배인 1t에 이르며 미사일 6개를 장착할 수 있다. 중국의 군사용 드론은 미국에 비해 성능이 다소 떨어지지만 값이 저렴해 각국이 앞다퉈 구매하고 있는 것이다.

2018년 11월, 중국 국제항공우주박람회에서 공개된 CH-7은 스텔스 드론이다. 미국의 최신예 스텔스 고고도 무인정찰기 RQ-180을 겨냥해 개발한 CH-7은 높이 10m, 길이 22m에 이른다. 중량 1만 3,000kg로 비행이 가능하므로 24개의 미사일을 장착한 채 이륙할 수 있다. 10~13km 고도에서 마하 0.5~0.6으로 15시간 비행할 수 있다. 스텔스 기능을 갖춰 레이더에 탐지되지 않고 적 기지에 은밀히 침투해 타격할 수 있다. 첨단 정찰 장비를 적재할 수 있는 만큼 정찰도 가능하다. CH-7은 2022년 본격 양산할 전망이다.

이에 일본은 2019년 9월 군사용 드론 시장에서 독주하는 중국을 견제하기 위해 기술 선진국으로만 구성된 수출규제 협의체를 구성하는 방안을 제안하기로 했다. 일본 정부가 AI와 양자컴퓨터 등 첨단기술이 중국의 군사력 증강에 활용되는 것을 차단하기 위해 이런 기술을 보유한 국가끼리 따로 모여 수출규제 표준안을 마련하는 방안을 추진하고 있는 것이다.

일본 정부는 이를 위해 미국과 독일, 영국, 네덜란드 등에 협의체 창설을 제안할 방침이다. (한국은 언급되지 않았다.) 규제 대상은 AI와 양자컴퓨터, 바이오, 극초음속 네 개 분야다. 이들 분야가 고성능 무기 개발이나 암호 해독 등 군사 목적으로 활용되면 국제 안전보장에 위협이 될 수 있다는 판단에서다. 이와 별도로 2021년부터 정부 부처와 정부 산하기관이 운항기록 보존과 촬영한 사진 및 자료의 외부 유출 방지 기능을 갖춘 드론만 구입할 수 있도록 의무화할 방침이다. 드론으로 수집한 정보가 해외로 빼돌려지는 걸 막기 위한 것으로 사실상 중국산 드론 구입을 금지한 조치라는 분석이다.

드론은 군사, 취미 외에도 안전진단, 감시 측량, 수송, 물품 배송, 운송수단 등 다양한 활용이 가능해 시장이 비약적으로 성장하고 있다. 전국경제인연합회에 따르면 2016년 7조 2,000억 원이었던 세계 드론시장 규모는 2026년에는 90조 3,000억으로 13배 가까이 증가할 전망이다. 그러나 국산 드론의 점유율은 미미하다. 한국산 드론의 세계 시장 점유율은 겨우 1%에 불과하다. 세계 드론 관련 특허 중 한국의 비중은 7%로 미국(28%) 등 주요국과 비교했을 때 매우 낮고 핵심 부품 기술력 또한 세계 수준에 못 미친다. 이에 따라 국내시장은 수입 드론의 놀이터가 된 지 오래다. 2019년 8월 말 기준 지방항공청에 등록한 드론 1만 21대 중 국산 제품은 10% 미만이다.

세계 드론 시장을 장악하고 있는 중국은 정부의 전폭적인 지원을 바탕으로 급성장했다. 중국은 '선허용-후보완'의 기술수용적 정책기조와 함께 강력한 공공수요 창출과 보조금 지급 등 정부 주도로 산업 수준을 빠르게 끌어올렸다. 하지만 우리나라의 드론산업은 규제에 막혀 성장하지 못하고 있다. 2017년 공공조달 '중소기업 간 경쟁제품'에 드론을 지정하는 등 여전히 드론산업의 중소기업 보호에 멈춰 있다. 도전적인 수요를 창출해야 할 공공분야 사업 주체를 중소기업으로 한정하고 중견기업과 대기업의 참여를 제한하는 것은 치열하게 경쟁 중인 드론산업의 경쟁력을 키울 수 있는 기회를 잃버리는 것과 같다.

이른 시일 내에 드론 규제를 풀지 않으면 과거 유기발광다이오드 산업처럼 외국산 제품에 국내 시장이 장악될 것이라는 우려의 목소리도 있다. 국내 LED 시장의 경우 2011년 중소기업 적합업종으로 선정되면서 국내 대기업이 철수했다. 이후 필립스, 오스람 등 외국 기업이 국내 점유율이 높아지고 중국 업체의 저가 공세로 국내 시장을 외국계에 빼앗겼다. 2015년 다시 대기업 진출을 허용했으나 아직도 회복하지 못하고 있는 실정이다. 같은 실수를 반복하지 않으려면 드론 규제 완화가 시급하다.

글로벌 경제를 잠식하는
중국의 포식자들

업종 불문하고
먹어치우는 '포식자'

중국 알리바바그룹의 행보에 거침이 없다. 중국 온라인 쇼핑시장을 장악한 알리바바그룹은 유통업과 금융, 게임, 문화·컨텐츠, 스포츠 산업 등 업종 불문하고 전방위 사업 확장에 나서고 있다. 그리고 2015년 9월 9일 성명을 통해 '알리바바 스포츠그룹'을 신설해 스포츠 사업에 본격적으로 진출하기로 했다고 밝혔다. 알리바바 스포츠그룹은 알리바바 그룹과 중국 대형 포털 신랑왕新浪網·Sina.com, 마윈 알리바바 회장이 직접 만든 사모펀드 윈펑雲峰 캐피털의 합작으로 설립된다. 이 회사 지분의 대부분을 알리바바 그룹이 보유하게 된다. 알리바바 그룹은 신설 스포츠그룹이 모기업 알리바바의 전자상거래 생태계를 발판으로 스포츠 미디어와 저작권, 행사, 티켓 판매 등 관련 사업에서 시너지 효과를 낼 것으로 기대하고 있다.

알리바바 스포츠그룹의 CEO는 중국 최대 엔터테인먼트기업 중 하나인 국유기업 상하이미디어그룹SMG 부사장 출신 장다중張大鍾이 맡았다. 회장직은 장융張勇 알리바바 CEO가 겸직하게 된다. 알리바바 그룹의 스포츠사업 진출은 2014년 6월 중국 프로축구팀 '광저우 헝다'의 지분 50%를 12억 위안에 인수한 데 뒤이은 것이다.

알리바바 스포츠그룹은 스페인 레알 마드리드와 독일 바이에른 뮌헨 등과 같은 유럽 명문 축구 구단, 미국프로농구 스타 코비 브라이언트 등과 제휴해 관련 상품을 자사 플랫폼을 통해 판매하기도 했다. 장융 알리바바그룹 CEO이자 알리바바 스포츠 그룹 회장은 "인터넷 기술을 통해 중국의 스포츠 산업을 변모시키고 소비자와 스포츠 참가자, 팬들에게 더 나은 상품과 서비스를 제공하는 것이 목표"라고 말했다.

중국 내 소비자 간C2C·Customer to Customer 거래 전자상거래 시장의 90%, 기업 간B2B·Business to Business 거래의 절반가량을 차지하고 있는 '온라인 유통 공룡' 알리바바 그룹은 가전 유통업과 금융, 엔터테인먼트 시장 등으로 사업을 확대하는 등 '문어발식' 확장을 해오고 있다. 알리바바는 2015년 8월 283억 위안을 투자해 쑤닝蘇寧전기의 지분 19.99%를 인수하며 2대 주주에 올라 가전 유통산업에도 진출했다.

마윈 회장은 "지난 10여 년간 전자상거래가 무에서 유를 창출하며 신속하게 확대되었으나 앞으로 30년의 전자상거래는 크게 축소되며 유에서 무가 될 수도 있다. 인터넷의 개방·투명·공유·이타利他 정신에 입각해 새로운 비즈니스의 기회와 협력, 생태계를 구축하는 데 참여하고 미래 사회의 경제 기초 시설을 건설해야 한다고 생각한다"고 밝혔다.

온라인 금융상품 위어바오餘額寶로 돌풍을 일으킨 알리바바그룹이 은행업까지 진출해 제도권 금융기관으로 도약했다. 알리바바의 금융 자회사 마이그룹이 설립한 인터넷 전문은행 마이뱅크My Bank가 2015년 6월말 영업을 시작했다. 마이뱅크의 자본금은 40억 위안이며, 최대 주주는 마윈 회장이 지배 주주로 있는 마이그룹이다. 마이그룹의 보유 지분은 30%다.

'뭘 해도 잘 되는' 중국 알리바바그룹

알리바바 그룹의 핀테크 계열사인 마이그룹이 상장 대박을 예고하고 기업가치(시가총액)는 세계 최대 소셜미디어 업체인 페이스북을 제치며 세계 최대 검색엔진 기업 구글을 바짝 뒤쫓는 등 승승장구하고 있다.

머니마켓펀드MMF인 위어바오의 수신고가 세계 1위인 마이그룹은 중국 당국에 의해 상장이 잠정 중단됐지만, 2020년 10월 29일 상하이 증권거래소에 설립된 기술주 중심의 커촹반科創板·STAR Market 상장을 위한 일반 투자자 공모한 결과 515만 5,600명이 참여해 2,769억 주를 사겠다고 신청했다. 상하이 증시 공모가인 주당 68.8위안을 대입해 계산하면 무려 19조 500억 위안이 몰려든 셈이다. 이 같은 공모신청 금액 규모는 중국 주식시장 사상 최대이고 영국 GDP 2조 8,271억 달러(2019년 기준)와 맞먹는다.

홍콩에서도 10월 30일 공모주 청약을 신청한 개인 투자자가 155만 명으로 집계됐다. 이는 홍콩 전체 인구의 5분의 1 수준으로 2006년 공상은행 상장 당시의 97만 명을 넘겨 사상 최대 개인 투자자 참여 기록을 다시 썼다. 이에 따라 홍콩에서 마이그룹 청약 증거금으로 납입돼 동결된 자금은 1,689억 달러에 이른다.

특히 알리바바그룹의 기업가치는 2020년 10월 말 기준 8,200억 달러, 글로벌 시가총액 6위를 기록하고 있다. 페이스북의 기업가치(7,495억 달러)를 제치고 이제 5위 구글의 기업가치(1조 달러) 자리를 넘보고 있다. 알리바바 그룹의 이 같은 저력은 중국 인구 절반을 넘는 7억 2,600만 명에 이르는 소비자를 사로잡은 데서 나온다.

알리바바가 운영하는 타오바오淘寶 마켓플레이스는 중국 내 가장 큰 온라인 쇼핑몰로 트렌드에도 민감해 '타오바오' 안에 2016년 '라이브 스트리밍(실시간 동영상 중계) 판매 서비스'를 개설해 매출을 크게 늘리고 있다. 중국 내 가장 유명한 온라인 공동구매 마켓플레이스인 쥐화쏸聚劃算은 중국 지방 도시와 저소득층 소비자들이 선호하는 소셜커머스로 자리매김했다. 점유율 1위를 달리는 톈마오天猫·Tmall는 브랜드와 소매상들을 위한 중국 최대의 제3자 플랫폼이고 아리콰이디阿里快遞·Ali Express는 글로벌 소비자들이 중국으로부터 바로 구매할 수 있는 해외 판매전문 플랫폼이다.

중국인들이 가장 많이 사용하는 모바일 결제수단 즈푸바오는 다양한 금융 서비스를 제공하며 사업 다각화에 힘쓰고 있다. 즈푸바오가 QR코드 결제와 머니마켓펀드, 송금, 보험 등을 결합해 종합 금융 플랫폼으로 쭉쭉 뻗어 나가고 있는 것이다. 알리바바는 급증하는 온라인쇼핑 수요를 등에 업고 2013년 차이냐오菜鳥라는 물류·택배회사를 설립해 중국 최강자로 떠올랐다. 또한 음식 배달 앱인 어러머와 신선식품 무인마트 허마셴성도 중국 관련 업계에서 1·2위를 다툰다. 알리바바는 뭘 해도 돈을 긁어 모으는 '미다스의 손'을 가진 셈이다.

알리바바는 지난 10월 오프라인 진출을 위해 2억 5,000만 스위스 프랑을 투자해 스위스 면세점 그룹 듀프리의 지분 10%를 인수한 데 이어 중국 최대 소매유통 업체 가오신高鑫마트의 경영권을 확보하며 오프라인 사업을 확장하고 있다. 알리바바는 그동안 사업 영역을 확대하기 위해 IT기술과 접목할 수 있는 오프라인 체인 확보에 노력해 왔다. 실제로 알리바바는 지난해 스위스 명품 그룹인 리치몬트와 온라인 합작회사인 '펑마오'를 설립한 바 있다. 알리바바는 같은 달 280억 홍콩달러를 투입해 가오신마트의 지분을 36.2%에서 77.0%로 늘려 경영권을 확보한다고 밝혔다. 가오신마트 인수는 코로나19 사태가 닥치면서 온라인으로 식료품을 구매하는 소비자들이 늘어나고 있는 데 따른 것이다.

알리바바는 앞서 2014년 1월 모바일게임 시장에 진출하며 모바일게임 최강자 텅쉰에 도전장을 내밀며 위협하고 있다. 알리바바는 직접 게임을 개발하지 않고 플랫폼 운영과 게임 홍보만 책임져 더 많은 사용자가 게임 서비스를 제공해 호평을 받고 있다. 무엇보다 게임 플랫폼운영자로서 게임 사업자와의 수익을 각각 2대 7로 나누고, 나머지 1은 농촌어린이 교육사업에 기부한다는 '통 큰' 결정을 하기도 했다. 일반적으로 중국 게임 시장에서는 플랫폼 운영자가 수익의 90%를, 게임 사업자가 남은 10%를 가져가는 구조이기 때문에 더욱더 알리바바의 결정이 시사하는 바가 크다고 볼 수 있다.

이뿐만이 아니다. 알리바바는 2020년 9월에 지난 3년간 비밀리에 내부 프로젝트로 진행해 온 스마트제조 플랫폼 '쉰시迅犀 디지털 공장'을 선보였다. 쉰시는 타오바오, 톈마오 등 알리바바 온라인쇼핑 플랫폼에 쌓인 트래픽·검색·판매 데이터를 기반으로 최신 패션 트렌드를 분석해 판매를 예측하고 소비자 맞춤형으로 제품을 생산하는 디지털 공장이다. 예컨대 전날 밤에 라이브 커머스를 통해 상품을 예약받은 왕훙網紅(온라인 인플루언서)이 다음 날 바로 제작 의뢰를 할 수 있을 정도로 빠르게 고객 수요에 대응할 수 있는 체계가 갖춰져 있다. '5분 만에 2,000건의 같은 제품을 만들다가 5분 만에 2,000건의 다른 제품을 만든다'는 쉰시 공장 목표에서 알 수 있듯 시장 상황에 민첩하게 대처할 수 있는 현지 스마트제조 1호 공장으로 꼽힌다.

특히 첨단기술 주도권을 둘러싼 미중 갈등이 '신냉전'이라 불릴 만큼 격화되고 있는 마당에 알리바바는 사실상 '안전지대'로 남아 있다. 미국은 통신장비업체 화웨이에 반도체 공급망을 끊어버리며 숨통을 조이고 중국의 국민 메신저로 불리는 텅쉰의 웨이신과 바이트댄스의 온라인 동영상 앱 더우인은 미국 시장에서 벼랑 끝으로 몰아넣고 융단폭격을 하고 있는 반면 알리바바는 이례적으로 '무풍지대' 속에 있다. 알리바바는 단순히 유통기업이 아니라 클라우드·인공지능·로봇·반도체 분야에까지 진출하고 핀테크·자율주행을 비롯해 무인 매장, 무인 배송 등 각종 혁신을 이끌고 있는 대표적 기술기업인 데도 제재 움직임이 보이지 않는 것이다.

미국이 알리바바에 제재를 가하지 않는 것은 '알리바바가 미국 증시에 상장해 있다'는 점이 가장 큰 보호막으로 작용하고 있기 때문이다. 미국이 제재를 가한 화웨이는 연매출 8,588억 위안(2019년 기준) 수준의 글로벌 대기업이지만, 비상장을 고집하며 지배 구조가 불분명한 회사다. 텅쉰은 뉴욕 증시 대신 홍콩 증시 상장을 선택했다. 바이트댄스는 아직 상장하지 않은 자산가치 10억 달러 이상의 유니콘 스타트업이다.

이들 기업이 타격을 입는다고 해서 월가街의 투자자들이 함께 손실을 입을 일은 없다는 얘기다. 이에 비해 알리바바는 2014년 뉴욕 나스닥 증시에 상장한 기업이다. 당시 공모 금액이 250억 달러로 수년간 '세계 최대 규모 IPO' 타이틀을 유지하기도 했다. 뉴욕에 상장한 만큼 알리바바의 주요 투자자는 미 현지 기관 투자가와 미국인들이다. 2019년 11월 홍콩에 2차 상장을 하기 전까진 중국인들도 알리바바에 투자하기 위해서는 미 증권사를 통해야 하는 실정이었다.

실제로 뉴욕 증시에서 알리바바의 주식 소유권의 지역별 분포를 보면 미국이 61.3%로 1위를 차지했고 영국 15.5%, 캐나다 3.5%, 일본 2.7% 순이다. 홍콩 증시에서조차 알리바바 주식 소유권 1위는 중국이 아닌 일본(49.8%)이다. 알리바바와 비슷하게 미국의 제재에서 상대적으로 자유로운 중국 최대 검색엔진 업체 바이두도 뉴욕 증시에 상장해 있으며, 주식 소유권의 70.3%가 미국이다.

한편, 미국 정부가 마이그룹에 대한 제재를 검토하고 있다는 일부 언론의 보도가 나오고 있지만, 이는 설득력이 없다는 시각이 우세하다. 미국 CNN은 "마이그룹이 다른 중국 기술기업들과 달리 미국에서 진행하고 있는 사업이 얼마 되지 않는다. 미국 정부가 마이그룹에 타격을 줄 수 있는 방법이 사실상 없는 것으로 보인다"고 분석했다.

CNN은 우선 틱톡과는 달리 마이그룹과 즈푸바오가 미국에 수백만 명의 이용자를 가지고 있지 않다는 점을 근거로 든다. 캐머런 존슨 미국 뉴욕대 상하이캠퍼스 교수는 "미국에서 마이그룹의 존재감은 미미하다"면서 "미국인의 정보를 보호해야 한다는 미 행정부의 주장은 미국 내 마이그룹의 존재감을 고려했을 때 무효라고 볼 수 있다"고 설명했다. 마이그룹의 전체 매출액 가운데 중국이 아닌 해외에서 거둬들이는 비중은 5% 미만에 불과하다.

마이그룹은 중국의 은행 및 금융기관과 달리 국제결제망인 국제은행간통신협회SWIFT도 쓰지 않는다고 지적했다. 통상적으로 은행들이 미 달러화 거래를 청산하기 위해 스위프트망에 의존하는데, 미국의 제재를 받으면 국가와 기업, 개인이 필수 금융 서비스를 이용하지 못한다. 존슨 교수는 "알리페이의 경우 결제가 중국 위안화로 이뤄진다. 미국 시스템이 아니기 때문에 스위프트도 사용하지 않는다"면서 "알리페이를 제재한다고 해도 정작 타격을 받는 것은 중국에 위치한 미국 기업들일 것"이라고 말했다.

미국의 뭇매를 맞고 있는 바이트댄스는 어떤 기업?

알리바바와 달리 화웨이와 함께 뭇매를 맞고 있는 기업이 있다. 바로 바이트댄스다. 문자가 포함된 15초짜리 동영상, 배경 음악과 가벼운 특수효과를 곁들인 이른바 '숏클립'을 끊임없이 쏟아내는 앱 '틱톡'이 세계 10대 청소년들을 중심으로 폭발적인 인기를 끌고 있다. 중국에선 '더우인'이라는 이름으로 알려진 틱톡은 아시아를 넘어 북미와 유럽 등 온 지구촌으로 세를 확장하며 비약적인 성장세를 보였다. 특히 미국인들이 틱톡의 마성에 빠져 환호하자 중국과의 무역전쟁을 치르며 감정의 앙금이 쌓인 미국 정부가 '국가안보를 해친다'는 전가의 보도를 빼 들어 금지령을 내리면서 틱톡은 글로벌 핫이슈로 떠올랐다.

이 앱을 개발한 바이트댄스는 불과 8년 전에 설립된 중국 스타트업이다. 2012년 '오늘의 톱뉴스'를 뜻하는 모바일 뉴스 앱 진르터우탸오를 시작으로 2016년 출시한 틱톡, 2017년 선보인 일상생활과 취미, 크리에이티브 등의 숏립 훠산샤오스핀火山小視頻, 같은 해 내놓은 영화와 드라마 등의 숏립 시과스핀西瓜視頻 등을 서비스하고 있는 업체다.

바이트댄스는 2012년 3월 중국 톈진시 난카이대学에서 소프트웨어 공학을 전공한 장이밍張─鳴이 여행전문 사이트 쿠쉰酷訊의 기술총괄 임원을 거쳐 2009년 부동산전문 사이트 주주팡九九房의 창업에 참여하며 노하우를 쌓아 설립했다. 중국 회사명은 베이징쯔제탸오둥커지北京字節跳動科技공사다. 줄여서 '쯔제탸오둥'이라고 하는데 쯔제字節는 컴퓨터 기억용량의 단위인 '바이트', 탸오둥跳動은 '힘차게 솟구쳐오르다'는 뜻이다. 그래서 영어 회사명이 '바이트댄스ByteDance'다.

틱톡이 바이트댄스의 데뷔 성공작은 아니다. 바이트댄스의 첫 성공

작은 '진르터우탸오'였다. 중국에서는 바이트댄스라는 기업명보다 '터우탸오頭條'라는 서비스 이름이 더 유명하다. 바이트댄스는 터우탸오를 중심으로 브랜딩해왔고, 틱톡 성공 비결의 상당 부분이 터우탸오를 벤치마킹했다.

장이밍 창업자 겸 CEO는 쿠쉰 재직 시절인 2008년부터 뉴스 플랫폼을 구상했다. 중국에선 관영 언론을 중심으로 작성된 딱딱하고 친정부적 기사가 지배하고 있다. 그래서 중국의 모바일 이용자들은 정부의 통제와 불친절한 검색엔진 때문에 원하는 정보를 쉽게 얻을 수가 없었다. 그런 가운데 그가 여러 업체를 거치며 이용자가 원하는 맞춤형 정보 제공의 필요성을 느껴 개발한 것이 터우탸오다.

터우탸오는 인공지능 기술을 활용해 성별과 연령, 직업, 활동 지역 등 개인 정보와 소비자들이 자주 검색하는 내용을 분석한 뒤 관심을 가질만한 뉴스를 선별해 올려주는 방식이다. 기존 언론사의 일방적인 편집 기능을 없애고 독자 스스로 그날의 톱 기사를 정하도록 한 것이다. 게다가 터우탸오가 제공하는 콘텐츠에는 뉴스 외에도 가벼운 이야기나 만화, 스트리밍 방송, 퀴즈 등이 가미되어 있어 재미와 흥미를 끌어낸다. 2013년 들어서는 '터우탸오하오頭條號'라는 개인계정 서비스를 도입해 기관이나 단체뿐 아니라 일반인도 창작자로서 참여할 수 있도록 콘텐츠의 다양성을 강화했다.

정보 홍수의 늪에 빠진 모바일 이용자들은 터우탸오에 열광했다.

2018년 말 기준 터우탸오의 가입자는 무려 7억 1,000만 명에 이른다. 이에 따라 바이트댄스는 설립 6년 만인 2018년 기업가치가 750억 달러에 이르며 우버를 제치고 세계 유니콘 기업 순위 1위에 오르는 기염을 토했다. 바이트댄스는 2020년 들어서는 '헥토콘 유니콘'(기업가치 1,000억 달러 이상)으로 다시 한 번 도약했다. 미국 시장조사업체 CB인사이트에 따르면 바이트댄스의 기업가치는 1,400억 달러에 이른다.

하지만 바이트댄스의 성공에 주목한 중국 IT업계 3강, 이른바 알리바바·텅쉰·바이두가 비슷한 앱을 개발하면서 경쟁은 격화됐다. 바이트댄스는 그 돌파구를 마련하기 위해 2017년 8억 달러를 들여 미국 립싱크 앱 뮤지컬리musical.ly를 인수해 틱톡과 통합했다. 이 인수를 통해 짧은 동영상과 음악을 공유하는 소셜미디어라는 공통점 때문에 뮤지컬리를 모방했다는 논란을 잠재웠을 뿐 아니라 그 이용자들을 고스란히 받아들여 미국 시장에 안착했다.

모바일로 촬영한 짧은 동영상을 편집해 공유하는 틱톡은 '숏클립 업계의 트위터'로 불린다. 140자 이내 제한된 문자만 올릴 수 있는 트위터처럼 최대 15초짜리의 짧은 동영상을 취급한다는 의미에서 이런 별명이 붙었다. 짧은 동영상은 밈meme(SNS 등에서 특정 콘텐츠를 다양한 모습으로 패러디하며 즐기는 현상)이 되고 Z세대(1995~2000년대 출생)를 중심으로 계속 틱톡을 찾게 만들었다. 동영상 제작도 손쉽게 할 수 있도록 했는데, 손가락 터치만으로 배경음악이나 가벼운 특수효과 등을 넣을 수 있는 장점이 있다.

바이트댄스는 특히 중국의 대표 채팅 앱인 텅쉰의 웨이신마저 사실상 포기한 해외 진출을 적극적으로 추진하며 국제적 성공의 발판을 마련했다. 바이트댄스가 해외 진출을 할 때 중국에서 검증된 기존 앱의 이점은 가져가되 철저히 현지화하는 마케팅을 구사한 것이 가장 큰 성공 요인이다. 실제로 더우인은 해외에서 틱톡이 됐고 터우탸오는 탑버즈TopBuzz, 훠산샤오산스핀은 비고비디오VigoVideo로 바꾸며 철저하게 현지화를 했다.

덕분에 틱톡이 페이스북의 인스타그램을 제치고 미국 10대들이 가장 선호하는 SNS 2위 자리로 올라섰다. 파이퍼샌들러의 조사 보고서에 따르면 미국 10대 청소년 가운데 34%는 스냅챗을 가장 선호하는 앱으로 꼽았고, 29%는 틱톡을 선택했다. 인스타그램은 25%에 그쳤다. 틱톡은 지난 봄 조사에서는 3위를 차지했다.

도널드 트럼프 대통령이 틱톡 다운로드를 금지하라는 행정명령을 내렸음에도 불구하고 미국 청소년들의 틱톡 사랑은 되레 깊어진 셈이다. 모바일 시장조사업체 센서타워에 따르면 2020년 1분기 글로벌 기준 틱톡의 다운로드 수는 3억 1,500만 회다. 로이터통신은 "틱톡 덕분에 모회사 바이트댄스의 1분기 매출액은 전년 같은 기간보다 130% 증가한 56억 달러를 기록했다"고 전했다.

틱톡의 성공은 페이스북과 스냅챗 등 미국 IT기업들을 긴장시키고 있다. 페이스북은 틱톡과 유사한 '라소Lasso'를 개발했고 스냅챗도 틱톡을 연상시키는 '음악 필터 챌린지'를 진행하는 등 틱톡의 도전에 대응하는 모습이다. 리서치기업 모펫네이션슨은 보고서를 통해 한때 10대 인터넷 이용자의 문화를 주도했던 스냅챗이 틱톡과의 경쟁에서 10대 이용자를 잃고 있다고 분석했다.

바이트댄스는 현재 바이두를 추월한 데 이어 텅쉰마저 추격하고 있다. 중국에서는 바이트댄스가 SNS 시장에서 텅쉰을 넘어섰고, 동영상·게임 등의 분야에서도 텅쉰을 위협할 것으로 본다. 바이트댄스가 탄탄한 자금력을 바탕으로 선배 기업들이 선점한 동영상·온라인 교육·핀테크 등 다양한 시장에 진출하며 '무한 확장'을 하고 있기 때문이다. 2020년 들어 글로벌 게임 제작사를 여러 개 사들였고, 연내로 글로벌 게임시장을 공략할 새 게임을 내놓을 계획이다. 중국 게임업계 관계자는 "텅쉰이 독주해온 중국 게임 시장을 바이트댄스가 틱톡의 글로벌 영향력을 업고 뒤흔들려 하는 형국"이라고 설명했다.

바이트댄스는 알리바바가 장악한 온라인쇼핑 시장에도 도전하고 있다. 중국 경제매체 제일재경第一財經은 "바이트댄스가 회사 내부에 전자상거래 사업부를 신설했다"며 "바이트댄스는 주력 사업인 틱톡을 단순 마케팅 수단이 아닌 전자상거래 채널로 도약시키려 한다"고 전했다. 페이스북·인스타그램이 최근 앱 내 쇼핑 기능을 추가하는 것과 궤를 같이하는 것이다.

바이트댄스의 무한 확장은 해외에서도 이어지고 있다.《파이낸셜타임스》에 따르면 바이트댄스는 싱가포르에서 인터넷은행 라이선스에도 입찰하고, 동남아시아 2위 은행인 싱가포르화교은행OCBC의 대주주와 투자 제휴 협상도 벌이고 있다고 한다. 싱가포르는 올해 말까지 5개 인터넷은행 라이선스를 발행할 예정인데, 바이트댄스의 경쟁 대상에는 알리바바의 핀테크 자회사인 마이그룹과 샤오미 등도 끼어 있다.

그런 한편 바이트댄스는 2019년 5월에 중국 중소 스마트폰 제조업체인 추이쯔커지錘子科技·Smartisan를 인수하며 스마트폰 사업에도 진출했다. 틱톡은 지난 5월 글로벌 비非게임 앱 중 가장 많이 다운받은 앱으로 기록됐다. 둥팡차이푸망東方財富網에 따르면 바이트댄스가 운영 중인 15개 정도의 스마트폰 앱의 월간 활성이용자MAU 수는 지난해 연말 기준 15억 명을 돌파했다.

바이트댄스는 틱톡의 글로벌 인기에 힘입어 전 세계에 240개의 오피스와 연구개발센터 15개를 운영하며 10만 명 이상의 직원을 거느리고 있다. 중국 현지에서는 중국 대표 IT기업 3인방을 일컫는 'BAT(바이두·알리바바·텅쉰)'에서 바이두를 바이트댄스로 바꿔야 한다는 얘기도 나오고 있다. 실제로 이 바이트댄스는 지난해 연 매출 1,400억 위안을 기록하며 바이두의 매출(1,074억 위안)을 뛰어넘었다.

바이트댄스의 성공은 중국 IT 산업에서도 중요한 이정표로 인식되고 있다. 지금까지의 중국 IT기업들은 모두 '후발주자'들로 남의 사업을 모방한 뒤 거대한 중국 내수시장을 발판으로 성장하는 식이었다. 예컨대 알리바바는 아마존의 온라인 쇼핑 모델을, 바이두는 구글의 검색 모델을 베끼며 시작했다. 그에 비해 바이트댄스를 성장시킨 틱톡은 사실상 중국산 오리지널 서비스가 해외 시장에서 인정받은 첫 사례라는 설명이다. 중국 경제매체 '금융계金融界'는 "중국에서 구글·페이스북을 능가하는 IT 기업이 나온다면 그것은 바이트댄스일 것"이라고 전망했다.

홍콩 증시를 잠식해 가는
중국 IT기업

"중국이 홍콩 증시를 쥐락펴락한다." 홍콩이 중국에 반환된 지 20여 년이 지나면서 홍콩증시가 중국 기업들의 투자 전략에 따라 요동치고 있기 때문이다. 중국의 폭발적인 경제성장에 힘입어 대량의 실탄을 확보한 대륙의 투자자들이 홍콩 증시로 몰려들어 '장세를 움직이는' 큰손으로 등장했다. 상하이와 선전, 중국 2대 주식시장의 급성장에도 홍콩 주식시장은 여전히 아시아 금융시장을 선도하고 있지만, 홍콩증시가 해외 투자자들의 대륙 투자 창구 역할을 담당하기보다 오히려 중국 대륙에서 들어오는 투자 자금의 위세에 눌려 맥을 추지 못하는 형국이라는 게 전문가들의 진단이다. '글로벌 포식자'로 등장한 중국 기업들이 홍콩 증시의 '장세를 인위적으로 조종'해 대량의 실탄을 확보하는 자금조달 창구로 철저히 활용하고 있다는 얘기다.

홍콩 증시에서 중국 기업들의 영향력은 실로 엄청나다. 홍콩의 중국 반환 당시인 1997년만 해도 홍콩 증시에서 중국 기업들이 차지하는 비중은 시가총액 기준으로 20%를 밑돌았으나, 20여 년이 지나면서 지금은 80% 가깝게 급증했다. 1997년 당시에는 홍콩의 재벌이나 홍콩상하이후이펑은행香港上海滙豊銀行·HSBC처럼 식민지 전통을 배경으로 성장한 홍콩 기업들이 득세했다.

HSBC를 비롯해 홍콩텔레콤, 허치슨 왐포아Hutchison Whampoa, 항성은행恒生銀行, 순홍카이新鴻基地産, 청쿵실업長江實業, 중뎬中電홀딩스, 중신타이푸中信泰富, 헝치디산恒基地産, 홍콩일렉트릭현 電能實業 등은 당시 홍콩증시를 주도하는 10대 기업으로 꼽혔다. 이 중에는 중국 기업이 단 한곳도 없었다. 그러나 현재 이들 10대 홍콩 기업 가운데 HSBC만 온전히 살아남았고, 허치슨 왐포와는 청쿵 홀딩스와 합병해 CK허치슨長江和記實業으로 간신히 명맥을 유지하고 있을 뿐이다.

반면 중국 기업들은 약진했다. 시장정보 제공업체 레피니티브에 따르면 2020년 7월 기준 홍콩 주식시장의 주식 발행 실적 427억 달러 가운데 84%가 중국 기업들이 차지했다. 중국 국유기업을 의미하는 '레드칩' 173개를 비롯해 민간 IT 공룡기업인 텅쉰·알리바바 그룹까지 500여 개 중국 기업이 홍콩 증시에 상장돼 있다. 홍콩 증시 시가총액 5조 2,000억 달러 중에서 중국 기업 비중은 78%이고, 지난해 홍콩 증시의 기업공개(IPO) 중 중국 기업의 비율은 82%에 이른다. 《월스트리트저널》은 "중국은 영국 정부로부터 주권을 반환받았을 때 홍콩 증시가 해외 투자자들이 폐쇄적인 중국 본토를 공략하는 통로 역할을 할 것으로 기대했다. 그러나 20여 년 뒤 홍콩을 뒤덮은 중국 대륙의 경제적 영향력이 해외 투자자들의 대중국 영향력을 압도하고 있다"고 분석했다.

중국 기업이 홍콩 증시에 첫발을 내디딘 것은 주권이 반환되기 전인 1993년이다. 그해 7월 15일 중국 기업 최초로 홍콩 증시 상장기업이 탄생했다. 그 주인공은 중국을 대표하는 맥주업체 '칭다오青島맥주'다. 이후 중국 기업의 홍콩행이 급물살을 탔다. 중국석유화공그룹의 상하이석화上海石化와 의정儀征화학섬유 등 아홉 곳의 중국 기업들이 첫 번째 티켓을 거머쥐면서 탄력을 붙였다.

그리고 1997년 홍콩의 주권이 중국에 반환되자 중국 기업들은 본격적으로 홍콩 증시 상장에 나섰다. 첫 번째 주자는 국유기업인 중국 3대 이동통신 업체 중 하나인 중국이동통신China Mobile이었다. 중국이동통신은 그해 10월 23일 IPO를 통해 323억 6,300만 홍콩달러를 조달해 대박을 터뜨리며 홍콩 증시에 안착했다. 홍콩 증시를 역외자본 흡수의 창구로 제대로 활용하기 시작한 것이다. 서우두首都공항과 중국석화, 중국석유천연가스PetroChina, 중국해양총공사中國海油·CNOOC에 이어 중국연합인터넷통신中國聯通·China Unicom그룹이 홍콩 증시에 입성하는 등 중국 거대 국유기업들이 잇따라 홍콩행에 몸을 실었다.

중국 민영기업은 2001년부터 홍콩행에 본격 가세했다. 저장유리가 선두주자로 나섰고, 세계적인 전기자동차 업체로 성장한 비야디가 가속도를 붙였다. 비야디의 등장은 투자자의 새로운 형태, 새로운 분야의 중국 기업에 대한 관심을 불러 일으키며 '비야디 현상' 연구 열풍까지 일으켰다. 이에 힘입어 스타트업(신생 벤처기업)과 소규모 민영기업들도 대거 홍콩증시의 문을 두드렸다.

　　텅쉰그룹이 그 대표적인 기업으로 꼽힌다. 텅쉰은 중국 3대 IT 공룡으로 SNS, 온라인 게임 최강자로 군림하고 있었다. 하지만 상장 첫날인 2004년 6월 16일만 하더라도 시장의 철저한 냉대를 받았다. 텅쉰 주주 대부분이 무조건 팔고 보자는 투매에 나서는 바람에 주가는 걷잡을 수 없이 곤두박질쳐 주당 4.2홍콩달러라는 초라한 성적으로 눈물을 삼킨 것이다. 하지만 텅쉰의 주가는 현재 600홍콩달러를 돌파하며 홍콩증시의 대표 기업으로 자리매김하고 있다.

　　중국 기업들이 이같이 홍콩증시에 몰려드는 이유는 공모 물량의 상당 부분을 사들이는 '코너스톤 투자자들Cornerstone Investors' 덕분이다. 코너스톤 투자자는 IPO에 앞서 공모 물량 일부를 상당 기간 되팔지 않기로 약속하고 확보하는 기관 투자자를 뜻한다. 국유은행인 중국우정저축은행郵儲銀行·PSBC은 2016년 9월 첫 IPO를 통해 74억 달러를 끌어모았다. 이 물량 가운데 80%는 코너스톤 투자자인 6개 국유기업들로부터 사전 주문을 받은 것으로 알려졌다. 코너스톤 투자자의 존재는 기업들의 IPO를 쉽게 하는 장점이 있지만 홍콩 주식시장의 '질'을 떨어뜨리기도 한다. 폴 그룬왈드Paul Grunwald 스탠더드앤드푸어스S&P 글로벌 아시아·태평양 수석 이코노미스트는 "홍콩 주식시장은 중국 대륙 투자자들의 안마당이 되고 있다"고 비난했다.

그렇지만 홍콩 증시는 중국 기업들의 자금조달 창구 역할을 톡톡히 해내고 있다. 중국 기업은 홍콩 증시에 상장하거나 달러 표시 채권을 발행해 자금을 조달한다. 금융정보업체 레피니티브에 따르면 지난해 중국 기업들은 전 세계에서 IPO를 통해 642억 달러를 조달했다. 이 가운데 55%에 해당하는 350억 달러를 홍콩 증시를 통해 끌어모았다. 상하이와 선전 증시를 합한 197억 달러의 1.5배에 이른다. 2010년부터 2018년까지 중국 기업의 해외 상장 건수 가운데 73%가 홍콩 증시에 몰려 있다. 더욱이 지난해 중국 기업이 해외에서 발행한 회사채 1,659억 달러 가운데 33%가 홍콩에서 발행됐다.

홍콩 증시가 2018년 3월 상장 규정을 고쳐 대주주가 경영권을 보다 수월하게 방어할 수 있는 차등의결권 제도를 도입하는 등 규제 완화에 나서며 중국 기업들이 대거 몰려오고 있다. 차등의결권은 특정 주식에 많은 수의 의결권을 부여해 대주주 지배권을 강화하는 제도다. 그동안 대다수 중국 IT기업은 차등의결권을 허용하지 않은 홍콩거래소 규정 탓에 일부 중국 기업들이 뉴욕 증시를 택했다. 홍콩 증시는 올해 들어서도 규제 완화에 속도를 내고 있다. 차등의결권 적용 대상을 개인 대

주주에서 법인으로까지 확대한 것이다. 지난해 말 기준 중국 50대 유니콘 기업 중 42곳의 대주주가 법인인 것으로 조사됐다.

여기에다 미중 갈등이 격화되면서 탈脫 미국을 추진하는 중국 IT기업들의 홍콩 증시 2차 상장도 이어지고 있다. 나스닥에 상장된 알리바바가 지난해 홍콩 증시에 재상장했고, 올해 나스닥 상장사인 테크기업 왕이網易·NetEase와 중국 2위 전자상거래 업체 징둥京東닷컴이 홍콩행 대열에 합류했다. 알리바바는 2019년 11월 홍콩에서 2차 IPO를 통해 110억 달러를 조달했다. 징둥닷컴과 왕이도 홍콩증시에 2차 상장해 각각 38억 7,000만 달러와 27억 달러를 모았다. 이들 기업의 성공적인 2차 IPO에 자극받아 뉴욕 증시에 상장된 중국 기업의 홍콩 회귀는 가속화할 것으로 보인다.

중국 1위 검색포털 기업 바이두와 중국 최대 온라인 여행 업체 트립닷컴Trip.com, 전자상거래 업체 핀둬둬拼多多 등이 홍콩에서 2차 상장을 할 채비를 하고 있다. 포털기업 신랑은 나스닥에서 상장 철회 작업을 마무리하고 내년 홍콩 증시에 상장할 예정이다. 미국 투자은행 제프리스는 "미국 증시에 상장된 31개 중국 기업이 홍콩 증시에 2차 상장을 추진할 가능성이 있다"며 "중국 기업의 홍콩 복귀가 현실화되면 최대 5,570억 달러가 홍콩 증시에 유입될 것"이라고 내다봤다.

하지만 홍콩 증시에 대한 논란도 없지 않다. 증시 전문가들은 외국인 투자금이 본토 증시로 몰릴 것으로 예상했지만 실제로는 본토에서 홍콩으로 가는 이른바 남향南向거래가 홍콩 증시의 중요한 자금 유입원이 되고 있다. 지난 6월 말 남하자금(홍콩에 유입된 중국 투자금) 누적 유입 규모가 2,900억 홍콩달러를 웃돌아 2019년 전체 규모(2,493억 홍콩달러)를 훌쩍 넘어섰다. 2020년 홍콩 증시에 유입될 남하자금 규모는 4,000억 홍콩달러에 이를 것이라는 전망이다.

특히 2014년 11월 시행된 홍콩과 상하이 증시의 교차거래를 허용하는 '후강퉁滬 港通', 2016년 12월 시작된 홍콩과 선전 증시의 교차거래인 '선강퉁深港通'은 홍콩 증시의 거래 패턴에 변화를 초래했다. 제프리스에 따르면 후강퉁을 통한 6월의 순매수액은 홍콩 증시 거래량의 10% 가까이에 이른다. 중국 대륙 투자자들의 비중이 후강퉁이 시행된 지 2년 반 만에 이 같은 수준까지 확대된 것이다. 이 때문에 일부 증권 애널리스트들은 중국 대륙 투자자들이 주가를 조작하는 '작전세력'화하고 있다며 이들이 국유기업을 포함한 중국 대기업들의 주식을 집중적으로 사들여 주가를 끌어올리고 있다고 비판했다.

드론부터 반도체까지,
과학굴기는 어디까지?

중국, 경제·군사 굴기에 이어
이번엔 과학기술 굴기?

중국이 경제·군사 굴기에 이어 과학기술 굴기를 꾀하고 있다. 자연과학 분야 논문 수와 세계 우수 연구기관을 싹쓸이하고 있는 데다가 영국 원전기술을 수출하고 위성 20개 운반 로켓 발사에 성공하는 등 잇따라 과학기술 성과를 이룸으로써 기술강국의 면모를 유감없이 과시하고 있는 까닭이다.

중국은 2019년 '세계에서 가장 영향력 있는 연구자HCR' 수에서 영국을 제치고 2위로 우뚝 올라섰다. 미국 과학특허정보 조사업체인 클래리베이트 애널리틱스가 발표한 '2019년 세계에서 가장 영향력 있는 연구자' 명단에 따르면 중국의 연구자는 636명이 등재됐다. 미국(2,737명)에 이어 세계 2위 국가로 이름을 올린 것이다. HCR은 각 분야에서 동료 연구자들의 연구에 중요한 영향을 미치며 다른 연구자들에게 논문이 인용되는 피인용 횟수가 가장 높은 상위 1% 논문을 기준으로 선정한다.

2019년 HCR은 전 세계 60여 개 국가의 6,126명이 상위 1% 연구자로 선정됐고, 미국이 전체 44%에 해당하는 2,737명의 연구자를 배출한 것으로 조사돼 HCR 1위를 6년째 유지하고 있다. 중국은 2018년보다 HCR에 이름을 올린 인원이 32%나 급증하며 2위를 지키고 있던 영국(517명)을 3위로 밀어냈다. 여기에다 네이처가 2016년 자연과학 분야 우수 연구기관과 대학을 선정해 발표한 '네이처 인덱스 라이징 스타'의 결과를 보더라도 1~9위까지 중국 연구소와 대학이 싹쓸이했다.

특히 중국 자연과학 연구논문 수에서 세계 1위로 발돋움했다. 《일본경제신문》에 따르면 일본 문부과학성 과학기술·학술정책연구소는 자연과학 분야의 연구논문 수에서 중국이 미국을 제치고 1위에 올랐다고 밝혔다. 과학기술·학술정책연구소는 연도별로 논문 수의 변동이 커 3년 평균으로 집계한 결과 중국의 2017년(2016~2018년 3년 평균) 논문 수는 30만 5,927편으로 미국(28만 1,487편)을 따돌리고 1위를 차지했다. 논문 수 3위는 독일로 6만 7,041편, 4위가 일본 6만 4,874편으로 중국과 비교하면 5분의 1 수준에 불과하다. 그렇다고 논문의 질이 떨어지는 것도 아니다. 과학기술·학술정책연구소는 클래리베이트 애널리틱스 데이터를 바탕으로 분석한 결과 "이번 통계는 전문가 동료 평가 등으로 일정한 수준이 있다고 판단되는 학술지에 게재된 논문만을 선정해 산출한 것"이라고 전했다. 일정한 품질이 보장되지 않은 논문은 통계에서 뺐다는 얘기다.

이러한 중국의 과학굴기를 엿볼 수 있는 것은 논문뿐만이 아니다. 중국은 앞서 영국 동부 지역에 들어설 원자력발전소 건설사업을 수주한 것을 시작으로 해외 원전 건설에 박차를 가하고 있다. 중국 원전 국유기업인 중국광핵그룹CGN은 2013년 245억 파운드의 비용이 투입되는 영국 서머싯주 연안의 힝클리포인트 C 원전 건설 프로젝트를 수주했다. 이 프로젝트는 지난 20년간의 영국 원전 산업 중 최대 규모로 중국광핵은 프랑스전력공사EDF와 함께 해당 프로젝트에 참여했다. 이를 통해 중국광핵은 해당 원전 지분의 33.5%를 보유하게 됐다. 중국광핵은 EDF와 함께 180억 파운드의 비용이 들어가는 영국 서퍽주의 시즈웰 C 원전 건설 프로젝트에도 참여해 해당 원전 지분의 20%를 확보하기도 했다.

이를 바탕으로 중국은 영국의 주요 무역 파트너가 되었고 양국의 무역 규모는 해마다 빠르게 증가했다. 유럽연합을 제외한 해외 국가 중에서는 중국이 미국에 이어 두 번째로 큰 영국의 무역 파트너다. 영국 국세청에 따르면 지난해 영국의 대중국 수출 규모는 463억 7,500만 파운드로 역대 최대치를 기록했다. 원전 건설을 비롯해 5세대 이동통신망 등 인프라설비 구축 사업에서 중국 기업들의 역할이 해마다 확대돼 왔기 때문이다.

하지만 2020년 들어서는 중국과 영국의 관계에도 먹구름이 짙어지고 있는 것이 사실이다. 2019년 홍콩 민주화 시위 당시에도 중국과의 관계를 고려해 입장 표명에 소극적인 모습을 보여온 영국 정부는 2020년이 되면서 5G 사업에서 화웨이를 완전히 퇴출시키고, 영국 해외시민 여권을 보유한 적이 있는 홍콩인들의 이민을 수용하기로 결정하는 등 기존의 친중국 행보에서 탈피하려는 움직임을 보이면서 두 나라 관계 훼손에 따른 경제적 충격이 올 수 있다는 우려의 목소리도 나오는 실정이다.

중국의 기술은 지구를 넘어 우주를 향해 뻗어가고 있다. 중국은 2015년에 하나의 운반로켓에 20개의 소위성을 탑재한 창정長征 6호의 발사에도 성공했다. 이 위성은 탑재한 20개의 작은 위성을 지구에서 524㎞ 떨어진 우주 궤도에 안착시키는 임무를 띠고 있다. 하나의 로켓에 이처럼 많은 위성을 탑재하기는 창정 6호가 처음이다. 창정 6호는 29.3m 길이에 이륙 시 최대 103t의 중량을 견딜 수 있도록 설계됐다. 사상 처음으로 액체산소 등유를 사용하는 엔진으로 가동돼 오염원 배출이 없는 친환경 로켓이라고 관영 신화통신은 설명했다.

또한 2015년 중국은 대형 여객기를 개발하기 위해 러시아와 손을 잡았다. 러시아 연합항공사의 유리 슬류사르 회장은 베이징에서 열린 항공엑스포에 참석해 중·러 대형 항공기 공동개발 계획을 밝히고 "계약을 통해 사업에 관한 각국의 책임과 이윤(배분)을 구체화하게 될 것"이라고 밝혔다. 슬류사르 회장은 "이 새로운 항공기는 (중국이 개발 중인 대형 여객기) C919와는 승객 수용 규모나 비행거리 면에서 완전히 다르다"며 "두 항공기는 서로 다른 시장을 겨냥하고 있다"고 덧붙였다. 중국이 2008년부터 독자적으로 연구·개발해온 C919는 168석과 158석이 기본형이며 항속거리는 4,075㎞다. 중·러가 공동 개발하고 있는 대형여객기의 좌석은 210~350석으로 항속거리가 C919보다 훨씬 길 것으로 예상된다.

중국은 음속의 5배가 넘는 속도를 내는 극초음속 비행체 발사 실험에 성공한 것으로 알려졌다. 중국항공공업그룹AVIC 산하 중국항공신문망中國航空新聞網은 신형 극초음속 비행체 시험을 성공적으로 마쳤다며 극초음속 시험비행 영역에서 새로운 진전을 이뤘다고 전했다. 다만 비행 시기와 장소, 고도, 속도에 대해서는 언급하지 않았다. 대만《자유시보自由時報》도 이 비행체의 비행 속도는 미군 정찰기 SR-71 블랙버드가 기록한 마하 3.2~3.5를 뛰어넘는 마하 5에 이른다고 설명했다. SR-71은 지금까지 조종사가 탑승하는 항공기 중 최고 속도 기록을 보유하고 있다.

중국이 이처럼 다방면에서 과학기술 굴기를 이룰 수 있었던 배경에는 무엇보다 중국 정부의 전폭적 지지가 가장 큰 역할을 했다. 중국은 특히 기초과학 기술 투자에 정부가 총력을 기울이고 있다. 1986년 중국의 최고 지도자였던 덩샤오핑은 4인의 과학자들로부터 국가 100년 대계를 위해 첨단기술을 발전시켜야 한다는 건의를 받았다.

'첨단 과학기술 육성 계획'을 건의한 4인은 핵물리학자 왕간창王淦昌을 비롯해 중국 광학의 대부 왕다헝王大珩, 자동제어학의 양자츠楊嘉墀, 전자학의 천팡윈陳芳允 등 원로 과학자들이었다. 이들의 제안에 덩샤오핑은 일말의 주저함도 없이 적극 수용했다. 과학기술 교육으로 국가를 발전시키겠다는 '과교흥국科敎興國' 전략이 싹을 틔운 것이다. 그해 국가적 역량을 첨단기술에 집중 투자하는 '863 계획'이 개시됐고, 해외에서 교육받은 고급 과학 인재들도 속속 귀국해 연구·개발에 매진했다.

중국 최고 지도자들도 이공계 출신이 대부분이다. 장쩌민江澤民 전 국가주석은 상하이자오퉁上海交通대에서 전기공학을 전공했고, 주룽지朱鎔基 전 국무원 총리는 칭화대 전기공학과를 졸업했다. 후진타오胡錦濤 전 국가주석은 칭화대 수리공학과를 나왔고, 시진핑 국가주석도 1979년 칭화대 화학공학과를 졸업한 이공계 출신이다. 원자바오 전 국무원 총리는 베이징 지질대학에서 지질학 석사를 받았다. 우방궈吳邦國 전 전국인민대표대회 상무위원장도 칭화대 무선전자공학과를 졸업했다. 지금도 '공정사工程士(엔지니어) 치국'이란 말이 나올 정도로 이공계 엔지니어 출신 관료들이 정부 곳곳에 대거 포진해 있다.

중국의 과학기술 굴기를 바라보는 한국의 입장은 복잡하다. 과학 논문 수에서 중국이 미국을 넘어서고 중국의 연구개발비 규모가 미국에 이어 세계 2위라는 소식을 접할 때마다 박수를 치기보다는 꺼림칙한 생각이 먼저 든다. 중국은 이웃 나라와 영토 분쟁을 많이 일으키는 것은 물론 심사가 조금이라도 뒤틀리면 사드 사례에서 보듯 '차이나불링 China Bullying(중국의 약자 괴롭히기)'을 서슴지 않는 까닭이다.

과학기술 분야는 군사동맹이 선행될 때 기술 이전이나 공동 연구가 가능한 것이 국제사회의 현실이다. 미국이 중국의 화웨이를 진입 물론 세계 각국에 수출을 금지시키는 것처럼 국가 간의 이해 충돌로 과학기술은 '총구 없는 무기'로 사용될 수 있다. 코로나19 바이러스 같은 전염병과 치료제, 백신조차 안보와 연관돼 있고 전시에 사용될 수 있는 소리 없는 무기가 되는 셈이다. 국가 이기주의가 기승을 부리고 국제질서를 위한 국제기구의 역할이 한계를 보이는 마당에 자국만이 가지는 특화된 과학기술만이 산업 경쟁력과 협상력을 우월적인 지위에서 유지할 수 있는 수단이 된 시대다. 한국이 살려면 중국이 필요로 하는 나만의 '기술'을 가져야 한다.

양자통신 시대를
선포하다

중국에 '양자量子통신 시대'가 활짝 열렸다. 세계 최초로 해킹이 불가능한 양자과학 통신위성을 발사한 지 4년여 만에 중국은 '위성 양자과학통신' 기술을 1,120㎞ 떨어진 거리에서 구현하는 데 성공한 것이다.

《인민일보》에 따르면 중국 양자과학 통신위성인 묵자墨子호는 지난 6월 1,120㎞ 떨어진 거리에서 양자과학통신 기술을 활용해 양자암호키를 안전하게 주고받는 데 성공했다. 중국은 3년 전에 묵자호가 1,200㎞ 떨어진 우주 상공에서 양자과학 통신기술의 기반이 되는 '얽힘' 현상을 보이는 단일 광자光子, 즉 양자를 만들고 이를 수신하는 실험에 성공했으나, 신호만 주고받았을뿐 실질적으로 송수신 효율이 높지 않은 초보 수준이었다.

하지만 묵자호는 2018년 중국 베이징 인근에서 7,600㎞ 떨어진 오스트리아 빈까지 양자로 암호화된 사진 파일을 안전하게 주고받는 데 성공한 데 이어, 이번 실험을 통해 단일 광자 검출 효율을 4배 높이고 오류율은 절반 가까이 낮춰 기존보다 8배 이상 먼 거리에서도 양자암호키를 안전하게 주고받을 수 있는 수준까지 끌어올렸다. 실험을 주도한 판젠웨이潘建偉 중국과학기술대학 교수 연구팀은 "이번 실험에서 양자암호키 분배에 활용할 수 있을 정도로 효율을 개선했다"며 "해킹과 감·도청 등 공격에 뚫리지 않는 안전한 통신 채널을 만들 수 있을 것"이라고 자신감을 보였다.

중국은 2004년 양자암호 시스템 개발을 국가 프로젝트의 하나로 시작했다. 첸잔前瞻산업연구원에 따르면 베이징과 톈진 간 125㎞에 이르는 광섬유 통신망을 이용해 양자과학 통신 네트워크를 구성했고, 2008년 엔 판젠웨이 교수 연구팀이 안후이성安徽省 허페이시合肥市에서 세계 최초로 전국형 양자과학 통신네트워크를 구축했다. 중국은 이어 '13차 5개년 경제개발 계획'(2016~2020년)에 양자과학 통신을 포함시켜 광섬유 양자과학 통신 네트워크와 위성을 이용한 양자통신체계 구축, 양자과학 통신을 활용한 잠수함의 위치추적 및 중력파 탐측 등의 정확성 향상 등을 위해 관련 기업에 지원을 아끼지 않고 있다. 중국이 미국과 독일 등 다른 국가들보다 양자통신 기술 개발을 늦게 시작했음에도 고속성장을 할 수 있었던 이유는 정부의 전폭적인 지원 덕분이다.

이 덕분에 중국은 2016년 세계 처음으로 묵자호를 성공적으로 발사한 데 이어 2,000km에 이르는 베이징~상하이 간 양자통신 네트워크 구축 공사도 끝냈다. 중국은 2016년 8월 간쑤성甘肅省 주취안酒泉 위성발사센터에서 독자 개발한 세계 첫 양자과학 통신위성 묵자호를 창정長征2D 로켓에 실어 성공적으로 발사했다. 묵자호는 우주 상공 600km 궤도에서 90분마다 한 바퀴씩 지구를 돌며 지상국과 위성 간 장거리 양자통신을 시도했다. 이 양자과학 통신위성이 춘추전국시대 철학사상가인 묵자로 명명된 것은 묵자가 겸애兼愛, 비공非攻 사상과 함께 실용주의적 관점으로 빛의 직선 전파를 일찍이 주장하는 등 물리학과 광학에서도 뛰어난 성과를 남긴 인물인 까닭이다.

현재 양자과학 통신기술은 중국과 미국, 독일 등이 상용화를 위해 총력전을 펼치고 있다. 미국은 2012년 소형 위성에 적용할 수 있는 양자과학 통신기술을 발표했지만 이후 보안상의 이유로 비공개로 전환했다. 미국 기술 수준은 2008년 발사된 '제이슨 2호' 등 위성 5기가 지상에서 보낸 양자 정보를 반사해 지상으로 되돌려 보내는 역할을 한다는 정도만 알려졌다. 독일의 최장 기록은 지상에서 144㎞ 우주 상공에서 무선 양자통신 실험에 성공한 수준으로 전해졌다. 유럽우주국ESA은 10억 유로를 투입해 양자과학 통신위성 '유텔샛 퀀텀'을 제작하고 있는 것으로 알려졌다. 중국이 경쟁국 미국과 독일 등을 따돌리고 차세대 통신기술로 불리는 양자과학 통신 분야에서 한발 앞서 나간 것이다.

양자과학 통신위성은 지상에서 레이저로 보낸 양자 정보를 받아 다른 지상국으로 보내고, 양자암호도 직접 생성하도록 설계돼 있다. 큰 차에 한꺼번에 실어 전달했던 정보를 작은 차 여러 대에 나눠 전달하는 방식인 양자과학 통신 위성은 가장 작은 물리량인 양자의 물리적인 특성을 활용해 정보를 암호화해 전달한다. 양자암호는 무작위로 생성되고 딱 한 번만 읽을 수 있는 까닭에 송신자와 수신자 외에는 정보를 정확히 읽을 수 없다. 외부에서 개입하거나 해킹을 시도할 경우 양자 상태가 흐트러지면서 정보가 깨지고 해킹 시도는 곧바로 발각된다. 판젠웨이 교수는 "양자는 물질을 구성하는 최소 단위로 분할할 수 없기 때문에 복제가 불가능하다"며 "해커 걱정 없는 안전한 통신을 구현할 수 있다"고 강조했다. 이 때문에 양자과학 통신기술은 도청과 복제가 원천적으로 불가능한 만큼 차세대 통신기술로 꼽힌다.

양자과학 통신 중에서도 광섬유를 이용하는 유선 양자과학 통신보다 위성을 활용하는 무선 양자과학 통신이 훨씬 안전하다. 선이 파괴될우려가 없고 이동성도 갖추고 있다는 장점 덕분이다. 2012년 11월 열린제18차 공산당 전국대표대회에서 일곱 명의 상무위원에 누가 선출될지유출되지 않은 것도 양자과학 통신기술을 이용한 통신 네트워크를 사용했기 때문으로 알려졌다. 중국 정부는 보안이 중시되는 국방과 금융,행정 분야에서 우선적으로 양자과학 통신망을 적극 활용할 방침이다.신화통신은 "양자과학 통신네트워크는 중앙정부와 군, 은행 같은 주요산업 분야에서 적극적으로 활용될 것"이라며 "2030년까지는 전 세계로확대될 것으로 기대된다"고 전망했다.

중국 정부는 양자과학 통신위성 발사와 함께 2017년 9월 말 베이징에서 산둥성山東省 지난濟南과 안후이성 허페이를 관통해 상하이를 연결하는 2,000㎞의 세계 최장 양자통신 네트워크를 개통했다. 2013년부터본격적으로 네트워크 구축 작업에 들어가 4년 만에 완공하면서 '세계에서 가장 긴 양자과학통신 네트워크'라는 이름을 얻었다. 이와 함께 중국의 양자과학 통신 시장 규모는 해마다 빠르게 확장되고 있다.

2018년 양자과학 통신 시장 규모는 전년보다 51% 급증한 272억 위안, 이듬해 2019년에는 19.7% 늘어난 325억 위안으로 집계됐다. 천젠陳劍 중국 중신中信증권 애널리스트에 따르면 2020년 중국 양자통신 시장 규모는 전용망 105억 위안, 공공망 75억 위안, 기타 30억 위안 등 210억 위안에 이르고 운영 부문 150억 위안, 설비 부문 30억 위안 등 양자과학 통신 부가시장도 이와 비슷한 규모가 될 것으로 추산됐다. 첸잔산업연구원은 중국 양자과학 통신 시장 규모는 2023년에는 805억 위안에 이를 것이라고 내다봤다.

중국은 양자레이더 기술 분야에서도 크게 성장해왔다. 중국 과학원은 2016년 양자과학 통신위성을 이용한 양자 고스트 이미징 기술로 2016년 100km 밖에 떨어져 있는 스텔스기를 탐지하는 데 성공하였고, 2020년 10월에는 중국 정부 산하의 군사기술업체 중국전자과학기술그룹CETC은 초전도 양자과학 레이더 시스템을 개발하는 데 성공했다. 양자과학 레이더는 양자역학을 기반으로 정보를 저장·검색·전송 처리하는 양자과학 정보기술을 레이더 탐지 영역에 적용해 종합적인 능력을 개선한 것이다.

성층권에서 대기 상층부와 우주를 포함, 그 위에 있는 물체도 추적할 수 있다. 이를 통해 스텔스기와 같이 전자 기반의 레이더로 탐지가 어려운 물체도 원거리에서 탐지가 가능한 것이 특징이다. 중국 경제매체 《매일경제신문每日經濟新聞》은 "수백km 떨어져 있는 목표물을 탐지할 수 있는 만큼 재래식 레이더로는 탐지가 불가능한 스텔스기의 위치를 확인하는 데 어렵지 않을 것이라고 설명했다.

중국은 양자과학 컴퓨터에 대해서도 관심이 많다. 시진핑 국가주석이 2018년 신년사에서 양자과학 컴퓨터 개발을 독려한 이후 중국은 중국과학원, 중국과학기술대학을 중심으로 연간 2,000억 원을 투입해 기초기술부터 응용기술까지 개발 중이다. 화웨이와 바이두, 번위안량쯔 등의 기업들은 이미 양자컴퓨팅 클라우드 플랫폼을 구축해 관련 서비스를 제공하고 있다.

중국 정부는 안후이성 허페이시에 세계 최대 규모의 양자 정보과학 국립연구소도 건설 중이다. 중국 인터넷매체《펑파이신문澎湃新聞》에 따르면 중국과학원 양자정보 및 양자과학기술혁신연구원이 허페이시 첨단기술개발구에 70억 위안을 투자해 양자 정보과학 국립연구소를 설립한다고 전했다. 중국과학원은 양자 정보과학 국립연구소에서 양자과학 통신과 관련된 연구 결과물을 산업과 군사 분야에 응용 및 개발할 것이라며 앞으로 4년간 1,000억 위안을 투자해 양자과학 통신 연구개발에 박차를 가할 것이라고도 강조했다. 중국이 다시 한 번 도약하기 위해 양자과학기술 개발에 얼마나 심혈을 기울이고 있는지 알 수 있는 대목이다.

드론 배송 시대가
활짝 열린 중국

중국이 선도하는 첨단기술을 얘기할 때 드론을 빼놓을 수 없다. 중국의 드론은 군사적으로뿐만 아니라 배달에 사용되며 드론 배달 시대를 활짝 열고 있다. 이 또한 중국 정부가 상업적인 드론 운항을 허용하는 등 규제를 없애 드론 활용의 속도가 빨라지는 덕분이다.

중국 2위 전자상거래 업체 징둥닷컴은 2018년 9월부터 상하이의 명물 민물 게인 '다자셰大閘蟹'를 드론을 이용해 산지에서 직송을 하고 있다. 징둥의 다자셰 배송 서비스는 상하이의 유명한 게 산지인 장쑤성 양청후陽澄湖 인근 지역에 위치한 징둥 배송 스테이션까지 적재량 10kg을 실을 수 있는 드론을 이용해 3분 안에 배송하는 것이다. 다자셰의 제철인 9~10월 물류 배송 효율을 높이고 신선함을 유지하기 위해 중국 전역 190개 도시에 당일 배송을 하고 있다.

베이징과 상하이, 광둥성 광저우 3개 지역에 물류 창고를 두고 해당 지역에선 주문 4시간 안에 배송해준다. 빠른 속도뿐 아니라 안전성을 높이기 위해 50종에 이르는 브랜드에 블록체인 추적 기능을 도입했다. 소비자들은 제품 패키지에 부착돼 있는 QR코드를 스캔하면 게 산지와 성장 환경, 품질 검사 결과와 포획 날짜 등 상세한 정보를 확인할 수 있다. 최대 전자상거래 업체 알리바바 그룹이 운영하는 신선식품 전문 슈퍼마켓 허마셴성은 드론을 이용해 매장 인근 3km에 있는 곳까지 30분 배송을 해준다. 아직 베이징과 상하이 등 일부 대도시 지역에서만 이 서비스를 이용할 수 있지만 범위는 급속히 확대되고 있다. 이제껏 중국에서는 볼 수 없었던 '총알 배송' 시스템에 힘입어 2018년에만 베이징에

30곳의 매장을 추가로 열었다.

중국은 '택배 천국'이라고 해도 크게 틀린 말은 아니다. IT기술의 발전으로 전자상거래가 활성화되고 스마트폰이 대중화하면서 인터넷 쇼핑을 통한 배송 물량이 폭발적으로 늘어나고 있는 까닭이다. 중국 국가우정국에 따르면 2020년 10월까지 중국의 택배 물량은 이미 600억 건을 돌파했다. 500억 건에서 600억 건까지 100억 건이 늘어나는데 단 38일밖에 걸리지 않았다. 6년 연속 50% 안팎의 가파른 성장세를 기록하고 있다.

급증하는 배송 물량을 잡기 위해 전자상거래 업체와 택배업체들은 출혈경쟁을 마다하지 않는 등 '총성 없는 전쟁'을 벌이고 있다. 경쟁이 치열해지다 보니 전자상거래 업체와 택배업체들의 최대 고민은 유통 비용의 축소다. 재고 관리와 물류 비용을 전반적으로 절감해야 소비자들을 계속 끌어들일 수 있는 것이다. 드론과 로봇 등을 이용한 첨단 배송이 본격화하는 것은 이런 이유에서다. 류창둥劉强東 징둥닷컴 회장은 "인프라가 제대로 갖춰지지 않은 시골 지역 등에 드론 배송을 적용하면 물류 비용을 최대 70%까지 절감할 수 있다"고 설명했다.

중국 드론 배송의 활성화는 드론 기술의 뛰어난 경쟁력 덕분이다. 중국의 드론 생산 규모는 세계 70%를 차지하고 있으며, 이 중 80%를 해외에 수출하고 있다. 한국무역협회 베이징지부에 따르면 중국 상업용 드론 시장은 연평균 50% 이상의 빠른 성장세를 보이고 있다. 2018

년 중국 드론 시장 규모는 201억 위안에 이른다. 이 중 상업용 드론 시장 규모는 112억 위안이다.

대표적인 기업은 세계 1위의 상업용 드론 제조사인 다장촹신大疆創新·DJI이다. 2006년 설립 당시 다섯 명으로 출발한 DJI는 '드론의 메카'로 불리는 남부 광둥성 선전의 우수한 IT 인프라, 대규모 내수시장, 정부의 정책 지원에 힘입어 급성장했다. 특히 2011년에서 2015년 기간의 매출액은 무려 100배나 폭증했다. DJI는 세계 100여 개 국가에 드론을 수출하고 있으며, 2019년 미국 드론 시장 점유율은 76.8%에 이른다. 일본 《닛케이아시안리뷰》는 "DJI는 경쟁사의 절반 가격을 무기로 글로벌 상용 드론 시장의 70%를 장악했다"고 평가한다. DJI의 기업가치는 1,600억 위안에 이른다.

DJI는 2016년 3월 장애물 감지 능력 등을 업그레이드한 '팬텀 4'를 1,399달러에 출시했다. 이어서 업그레이드한 팬텀 4 프로를 11월에 내놓고, 기존 팬텀 4의 가격은 200달러를 내렸다. 가장 저렴한 팬텀 3 기본형은 2015년 8월 출시 당시 799달러였으나 399달러로 가격을 내렸다. DJI의 저가 공세로 인해 세계 3위의 드론 제조사인 프랑스의 패럿Parrot이 2017년 1월 840명이었던 직원 수를 3분의 1 수준인 290명으로 대폭 줄였다. 미국의 드론 제조사 3D로보틱스도 지난해 9월에 직원 150명을 구조조정하면서 더 이상 하드웨어 개발과 생산을 하지 않고 관련 소프트웨어 개발에만 전념하기로 했다.

중국이 세계 드론 시장을 제패한 것은 가격 경쟁력 때문만은 아니다. DJI는 플라이트 컨트롤러와 드론의 움직임과 관계없이 카메라를 일정한 기울기로 유지시키는 짐벌 분야에서 최고 기술을 보유하고 있으며, 드론 제작 기술의 대부분을 자체 개발했다. 일본의 특허 조사·분석 전문업체인 페이턴트리절트에 따르면 DJI는 2019년 기준 185개의 일본 특허를 보유하고 있다. 2위 업체보다 3배 이상 많다.

그러나 DJI에도 '치명적인' 약점이 있다. DJI가 사용하는 핵심 부품은 말할 것도 없고 상용 부품의 다수가 미국산이라는 점이다. 통신 부품은 미국 반도체 업체 코르보Qorvo의 것을 사용하고 있고, 전원 부품은 미국 텍사스인스트루먼트TI의 반도체 칩을 사용했다. 코르보 반도체는 드론의 무선 통신 신호를 강화해 주고 간섭을 없애주는 핵심 칩이다. 텍사스인스트루먼트 반도체는 드론의 배터리를 관리한다. 더군다나 미·중 기술 전쟁이 한창이다. 미국은 중국산 드론이 수집한 정보가 중국 정부로 넘어갈 수 있다고 우려한다.

여기에다 DJI가 성장 가능성 높은 세계 드론 시장을 선도하는 것에 대한 위기의식도 갖고 있다. 이 때문에 미국 정부는 올해 1월 1,000여 대의 중국산 민간 드론 사용을 임시 중단시켰다. 미 국방부는 드론 입찰에 미국 4개 업체와 프랑스 1개 업체만 허용했다. 업계 1위인 DJI 드론을 배제한 것이다. 미 정부의 경제 제재가 더해지면 미국 부품이 많은 생산구조인 만큼 특히 위태롭다. 《닛케이아시안리뷰》는 "(DJI 드론에 들어간) 미국 부품은 최근 대체재를 찾기 어렵다"며 "(DJI가) 미국의 새 목표물이 된다면 DJI의 부품 구매도 영향을 받을 것"이라고 보고 있다.

세계 최초로 사람을 태우는 유인 드론을 개발한 곳은 중국 이항지능기술공사Ehang다. 2014년 광둥성 광저우에서 창업한 이항은 첫 제품으로 스마트폰을 이용해 출발·도착지를 지정하면 자동으로 운항하는 '드론 고스트'를 선보이며 큰 인기를 끌었다. 스마트폰 조종의 고질적 문제인 불안전한 연결을 자체 개발한 신호증폭기 G-box로 해결해 경쟁사와의 차별화에 성공한 것이다.

2016년 1월에는 세계 최초로 저공 중·단거리 자율조정 유인 항공기인 '이항 184'를 공개했다. 아랍에미리트연합은 조만간 이항 184를 통해 사람을 태우고 하늘을 나는 '드론 택시'를 시범 운행할 것이라고 밝혔다. 이항 184에 들어가는 모든 부품은 이항이 독자적으로 설계하고 제작했으며, 최대 100kg까지 실을 수 있고 최고 속도는 시속 160km에 이른다. 한 번에 최대 30분밖에 비행할 수 없다는 한계가 있지만 빠르게 발전하는 중국의 드론 기술력을 엿볼 수 있는 부분이다.

DJI와 이항 외에도 경찰용 드론 제작 전문 업체인 이덴커지—電科技·AEE, 물류와 농업 드론 개발에 주력하는 지페이커지極飛科技·XAIRCRAFT, 중대형 드론과 치안 감시 드론 제작에 중점을 둔 링두零度·Zero드론, 전자 비행제어 등 드론 6대 핵심기술을 확보한 이와터易瓦特, 농업 식물보호 드론 개발에 총력을 기울이는 진쉰金駿, 등 광둥성 선전에 소재해 있는

300여 곳을 비롯해 중국 전역에는 1,200여 곳의 드론 기업들이 활발히 움직이고 있다.

하지만 드론 기술의 획기적인 발전에도 드론 배송의 전면적 도입은 다소 시간이 걸릴 전망이다. 중국 정부 당국자가 2020년 코로나19 사태 확산으로 물류 택배에서 드론 배송이 급속히 늘어났지만 전체 물류 산업에서 봤을 때 전면적으로 적용하기에는 시간이 걸릴 것이라고 지적한 것이다.

마쥔성馬軍勝 국가우정국장은 중국 스마트 물류 발전 수준과 관련해 "중국의 택배 산업 전체의 스마트화 발전이 눈에 띄게 이뤄지고 있다"며 "자원의 제약과 가성비의 한계 등 객관적 조건의 제약으로 드론 배송 등 혁신적인 모델의 전면적인 보급에는 더 시간이 필요하다"고 말했다. 그러면서도 "드론 배송 등이 코로나19 기간 중요한 역할을 했다"며 "코로나19 사태 확산 때 후베이성 우한 진인탄金銀潭병원의 경우 국가우정국이 구축한 드론 배달 루트를 통해 약품과 방역물자를 배송받았다"고 덧붙였다.

4

중국이
파산하는
날

곳곳에서 울리는
중국의 위기 신호

중국 경제가 코로나19에 따른 충격을 떨치고 완연한 'V자형' 회복세를 보이고 있다. 중국 경제 성장률은 코로나19 사태로 1분기에 사상 최악의 −6.8%까지 추락했다가 2분기에는 경기 급반등에 성공하며 3.2%, 3분기에는 4.9%를 각각 기록했다. 지난 9월 중국의 산업생산은 전년 같은 기간보다 6.9% 증가했고 같은 달 소매 판매도 3.3% 늘었다. 소매 판매는 지난 8월(0.5%)에 이어 두 달 연속 증가세를 보였다. 중국 경제의 긍정적인 신호는 곳곳에서 감지되는 대목이다.

그러나 생산과 소비 등 경제 주요 지표가 뚜렷하게 호전되고 있는 것과는 달리 실업률 관련 지표는 여전히 더딘 회복세를 보이고 있다. 4월 이후 실업률이 1분기보다 소폭 낮아졌다고는 하지만 코로나19 이전보다는 여전히 월등히 높은 수준이다. 중국 국가통계국에 따르면 올해 상반기 주요 도시 신규 취업자 수는 2019년 같은 기간보다 173만 명이 줄었다. 2분기 말 기준 대도시로 노동력을 제공하는 농촌 노동자 수도 전년보다 2.7%가 감소했다.

2020년 6월 대학생 실업률은 같은 기간 사상 최고치를 기록했다. 같은 기간 20~24세 2년제 대학 이상 졸업자의 실업률은 19.3%에 이른다. 2020년에 졸업한 900만 명에 가까운 대학생 중 상당수가 아직 일자리를 구하지 못한 상황인 데다 코로나19 봉쇄령이 중국 주요 도시를 덮치는 바람에 일자리를 잃은 농민공農民工(농촌에서 도시로 이주한 노동자)들이 아직도 일자리를 찾지 못하고 헤매고 있다. 더욱이 1억 7,900여만 명에 이르는 이들 농민공은 실업 통계에도 잡히지 않아서 더욱 문제다. 중국 안팎에서 코로나19발 실업 대란을 우려하는 목소리가 갈수록 높아지는 이유다.

사상 최악의 실업 한파가
몰아치는 중국

중국 엘리베이터 광고업체인 신차오新潮미디어그룹은 춘제 연휴가 끝나고 업무를 개시하기 전날인 2020년 2월 2일 직원의 10%에 해당하는 500명을 해고했다. 장지쉐張繼學 CEO는 사내 메시지를 통해 '생존을 위해서는 불가피한 선택'이라고 밝혔다. 신차오그룹의 해고는 시진핑 국가주석이 코로나19 방역 현장을 처음으로 방문해 "특히 일자리 문제를 주시해야 하며 대규모 감원 사태가 나오는 것을 막아야 한다"고 강조한 직후 이뤄졌다.

또한 베이징 최대 노래방인 '가라오케의 왕K歌之王'은 같은 달 7일 200여 명에 이르는 전 직원과 근로계약을 해지하기로 했다. 회사 측은 코로나19 사태로 계속 휴업하고 있는 만큼 회사의 재정 부담이 너무 크다는 것을 이유로 들었다. 유명 음식 체인점인 시베이西貝는 현금 흐름 불안정을 이유로 직원 2만여 명을 집으로 보내고 무기한 대기 조치하기도 했다.

코로나19 직격탄을 맞은 중국에 실업대란이 현실화하고 있다. 코로나19 충격과 미·중 무역전쟁으로 중국의 경기가 곤두박질치면서 중국 내에서 500만 명에 가까운 실업자를 양산하는 등 실업자 증가 폭이 미중 무역전쟁 시기의 증가 폭을 훨씬 웃도는 양상이다. 중국 국가통계국에 따르면 2월 도시 실업률은 6.2%로 집계됐다. 2019년 12월 발표된 실업률 5.2%, 1월 실업률 5.3%보다 1%포인트나 급등했다. 중국 정부가 실업률을 처음 대외적으로 공표한 2013년 이후 가장 높은 수준이다.

2020년 1~2월 도시 신규 일자리도 108만 개로 지난해 같은 기간 174만 개보다 크게 줄었다. 미·중 무역전쟁의 영향을 받은 과거 18개월 동안 중국의 실업률이 0.3%포인트 오르는 데 그쳤지만 코로나19의 충격

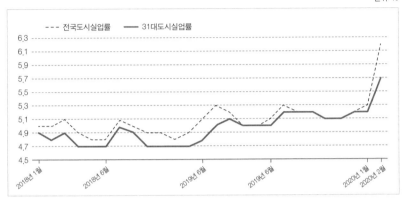

중국 실업률 추이

단위: %

자료: 중국 국가통계국

은 단숨에 이보다 훨씬 크게 나타났다고 《사우스차이나모닝포스트》는 분석했다. 특히 지난해 말 기준 중국의 도시 취업자 수는 4억 4,247만 명인 점을 감안하면 적어도 4,67만명이 실직했다는 계산이 나온다. 호주 맥쿼리Macquarie Group증권의 래리 후 중국담당 수석 이코노미스트는 "지난 두 달 동안 중국에서 500만 명에 가까운 노동자들이 일자리를 잃었다는 점은 상당히 의미가 있다"고 지적했다.

이에 따라 중국 정부는 2020년 1~2월 60억 위안이 넘는 실업보험 급여를 지급했다. 중국 인력자원사회보장부 리중李忠 부부장은 기자회견을 통해 "지난 1~2월 모두 219만 명에게 61억 위안의 실업보험 급여를 지급했고, (이들이 내야 하는) 기본 의료보험료 13억 위안을 냈다"고 밝혔다. 그러면서 감원을 최소화한 기업 128만 개사를 대상으로 모두 186억 위안을 지원했다고 덧붙였다.

중국 정부는 2019년부터 미·중 무역전쟁에 따른 경제 불안에 대응해 '6가지 안정6溫'을 핵심 정책 과제로 추진하고 있다. 이 중 가장 앞에 놓인 것이 바로 '원주예穩就業(고용안정)'다. 하지만 실제 고용 실태는 숫자보다 훨씬 더 심각할 것으로 여겨진다. 이미 크게 높아진 중국 정부의 공식 실업률이 현실을 제대로 반영하지 않을 가능성이 크다는 데 문제의 심각성이 있다. 3억 명에 가까운 농민공들이 실업률 통계에 제대로 잡히지 않고 있다는 것이다.

《사우스차이나모닝포스트》는 "중국의 공식 실업률 통계는 고용주 조사로 이뤄진다"며 "공장 폐쇄가 이뤄진 농민공들의 고용 현황이 전혀 반영되지 않는다"고 지적했다. 농민공들은 경기가 어려울 때 가장 먼저 직장을 잃기 쉬운 취약 노동 계층이다. 코로나19 사태로 적지 않은 농민공들이 고향에 머무르면서 일터로 복귀하지 못했다.

더군다나 중국이 노동력의 대부분을 고용하고 있는 중소기업을 돕기 위해 수조 위안의 자금을 내놓고 감세 정책을 펴고 있지만 코로나19 사태로 경영이 어려워진 많은 중소기업은 고용 유지 어려움을 토로하고 있다. 중국 채용정보업체 자오핀招聘닷컴이 노동자 7,129명을 대상으로 한 설문조사에 따르면 회사가 완전히 생산을 재개했다는 응답은 40.2%에 불과하고, 코로나19 사태로 일자리를 잃었다고 응답한 사람도 25.1%에 이른다. 17%는 임금을 제대로 받지 못했고 20%는 임금 지불이 지연되고 있는 것으로 조사됐다. 기업 인사 담당자를 대상으로 한 별도의 조사에서는 응답자의 3분의 1이 감원에 나설 것이라고 답했고, 28.2%는 빈자리를 채우지 않겠다고 응답해 '고용 절벽'을 실감하게 했다.

고학력 계층의 구직난도 심화할 전망이다. 지난 여름 중국의 대학 졸업자 수는 874만 명에 이르지만 이들이 선호하는 양호한 일자리는 계속 줄어들고 있는 상황이다. 이런 까닭에 중국 교육부가 2020년 9월 입학할 대학원 신입생 모집 정원을 18만 9,000명, 전문대 졸업 후 4년제 대학에 편입하는 학생 정원을 32만 2,000명 늘린 것은 중국 정부가 실업률을 낮추려는 의도로 보인다. 신입생은 지난해보다 23%, 편입생은 160% 늘어난 수치다. 2010년 이후 해마다 정원 증가율이 2~5% 수준이었던 것을 감안하면 파격적이다.

실업률은 중국 지도부가 가장 민감하게 생각하는 부분이다. 실업률이 높아지면 사회불안을 야기해 공산당의 통치기반을 흔들 수 있는 까닭이다. 리커창 총리는 3월 중순 회의에서 "고용 시장이 안정되는 한 경제성장률이 조금 높고 낮은 것은 큰 문제가 아니다"라고 말했을 정도로 중국은 고용안정을 중시한다. 중국 지도부는 지난해 12월 열린 연례 경제공작회의에서 "모든 구성원이 실직하는 가정이 없을 것"이라고 약속하기도 했다.

중국의 도시 실업률은 지난 20년간 4~5%를 유지했다. 그런데 2020년 2월, 실업률이 6% 이상으로 높아졌다는 것은 그만큼 경제 상황이 악화되고 있다는 뜻이다. 마오성융毛盛勇 국가통계국 대변인은 기자회견에서 "현재 코로나19 충격은 기업에 여전히 커다란 영향을 미치고 있으며 중소기업이 받는 영향은 더욱 크며, 올해 졸업하는 대학생들의 취업 시장에도 압력을 주고 있다"고 말했다.

한편, 그는 "코로나19 상황이 빠르게 호전되고 있는 데다 기업의 조업재개 추세도 좋은 만큼 2분기와 하반기 경제 회복이 가속화할 것으로 보인다"며 "거시 경제정책이 계속 이어지는 데다 취업 우선 정책도 강화하고 있는 만큼 하반기 취업 상황도 호전되고 실업률도 낮아질 것"이라고 덧붙였다.

중국 당국에 따르면 2월 말까지 후베이성을 제외한 중국 지역의 일정 규모 이상(연 매출 2,000만 위안 이상)의 공업 기업의 조업 재개율은 95%를 넘어섰다고 한다. 그러나 이는 기업이 조업을 재개했다는 것일 뿐 이것이 정상화가 됐다는 걸 의미하는 게 아니다. 생산이 회복하고 직원들이 복귀하는 데는 더 많은 시간이 필요하다. 영국 경제분석조사기관 이코노미스트 인텔리전스 유닛EIU의 왕단 수석 애널리스트는 "코로나19 영향으로 중국 도시에서 900만 명이 올해 일자리를 잃을 것"이라고 비관론을 내놨다.

국가통계국에 따르면 1~2월 산업생산은 전년 같은 기간보다 13.5% 급감해 30년 만에 처음으로 마이너스를 기록했다. 이는 시장 전망치인 -3%보다 훨씬 낮은 수치였다.

다른 주요 지표도 모두 시장의 예상을 크게 밑돌았다. 1~2월 소매판매 증가율은 사상 최저인 −20.5%를 기록해 시장 예상치 −4%를 5배나 밑돌았다. 인프라 시설 투자를 포함한 고정자산투자 역시 지난해 같은 기간보다 24.5% 곤두박질쳐 시장 전망치였던 −2%에 크게 미치지 못했다. OECD는 앞서 중국 경제성장률을 코로나19 사태 이전인 11월 발표 때 5.7%에서 4.9%로 대폭 낮췄다. 중국의 4%대 성장은 천안문 사태 이듬해인 1990년 3.9% 이후 최악의 수준이다.

52조 달러 규모의 부동산 거품

제2의
'서브 프라임 모기지 사태'

코로나19 사태로 인해 실업률이 급증한 것과는 반대로 중국에 가계부채가 급증하고 있다. 중국의 개인 투자자들이 코로나19 사태가 진정국면을 접어들어 경기 회복세를 보이는데 힘입어 가파른 상승세를 타는 부동산 시장에 주택담보대출 등 각종 자금을 대출받아 '빚투'마저 서슴지 않고 뛰어들고 있다. 이 때문에 2008년 글로벌 금융위기 이전의 '미국의 서브 프라임 모기지(비우량 주택담보대출) 사태'와 유사한 현상을 보인다는 지적이 나온다.

중국 국가금융발전실험실에 따르면 중국 GDP 대비 가계부채 비율은 2020년 2분기 말 기준 59.7%를 기록했다. 중국 가계부채 비율은 2013년 1분기(31.1%) 말 처음으로 30%를 넘은 데 이어 7년여 만에 무려 2배로 뛰었다. 지난해 말 55.8%에서 불과 6개월 만에 3.9%포인트나 치솟는 등 오름세가 뚜렷하다. 2분기 들어 코로나19 사태가 사실상 종결되면서 부동산 가격이 폭등세를 보이자 이를 사려고 돈을 빌리는 개인 투자자들이 늘어나면서 가계부채 상승으로 이어지고 있다고 블룸버그 통신은 분석했다. 국제통화기금은 가계부채 비율이 65% 이상이면 금융시장 안전성에 영향을 미친다고 지적한 만큼 중국은 이 수준에 바짝 다가선 셈이다.

중국 가계부채 증가는 부동산 투자 열풍이 선도하고 있다고 해도 결코 지나친 말이 아니다. 지난 3월 기준 중국의 가계부채 가운데 절반이 넘는 55.1%가 주택담보대출에 따른 채무다. 특히 중국의 가계자산 중에는 주택 등 부동산 자산이 대부분(59.1%)을 차지하고 있다. 미국(28.5%)보다 2배 가까이 높은 수준이다. 중국인들이 부동산 투자에 열을 올리는 것은 지난 20년 동안 경제의 고도성장과 함께 중국의 부동산 가격이 급격하게 상승하는 바람에 부동산은 사들이는 즉시 돈이 되는, 즉 수익률이 가장 높은 투자상품으로 인식하고 있는 까닭이다. 중국에 다양한 투자 상품이 부족한 데다 주식시장과 선물시장, 은행의 자산관리 수익성에 대해 충분히 신뢰하지 못하고 있다는 점도 부동산 투자 선호를 부채질하는 요인이다.

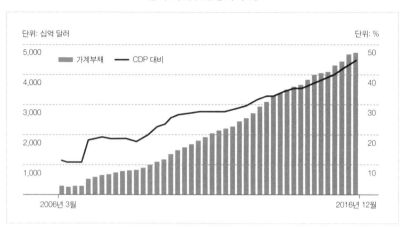

중국 가계부채 증가 추이

단위: 십억 달러   단위: %

가계부채   ―― CDP 대비

자료: 국제결제은행

이 때문에 중국인들의 부동산 투자는 '광풍'에 가깝다. 중국 내 코로나19 사태가 진정 국면에 접어들면서 2분기 경제성장률이 3.2%를 기록하는 등 경제회복에 가속이 붙어 부동산에 대한 관심이 부쩍 높아진 데다 경기부양을 위해 정부에서 푼 돈이 부동산으로 물밀 듯이 밀려들고 있기 때문이다. 2020년 6월 21일 중국 남부 광둥성 선전시 광밍구 진룽제 화파룽위화푸 아파트단지 394가구 신규 분양 청약에 8,998명이 몰렸다. 청약 당첨 확률은 4.37%밖에 안 되는데도 90억 위안에 가까운 거액의 청약금이 한꺼번에 몰린 것이다. 전날인 20일에도 선전시 바오안구 신진안하이나궁관 단지 5가구 분양에 청약자 1,171명이 몰렸다. 신진안하이나궁관 단지의 청약 당첨 확률은 고작 0.4%에 불과했다. 주택

1채를 놓고 234명이 치열하게 경쟁한 셈이다. 3월에도 선전시에선 신축 아파트 288채가 온라인에서 8분 만에 완판되기도 했다.

2019년 1인당 GDP가 3만 달러를 돌파한 선전시는 중국 내에서 부동산 광풍의 진원지로 '악명'이 높다. 2016년에 한 평 반도 안 되는 6㎡짜리 초소형 아파트가 88만 위안에 팔려 나간 것이다. 일명 '이팡蟻房(개미집)'으로 불리는 이 아파트는 분양 면적 외에 시공사가 작은 주방과 화장실을 제공하는 형식인 만큼 실제 전용 면적은 12㎡ 정도 되는 것으로 알려졌다. 설령 그렇다 하더라도 평당(3.3㎡) 가격이 서울 강남의 2배 수준인 8,000만 원대에 이른다. 집 구조도 반듯하지 않아 방문을 닫아야만 주방과 화장실을 이용할 수 있을 정도로 작고 불편하다.

더욱이 이팡은 법적으로 문제가 발생할 소지가 다분하다. 중국 정부가 2012년 8월부터 시행한 '주택설계규범'은 방과 주방, 화장실을 구비한 소형 주택의 사용 면적이 22㎡ 이하여서는 안 된다고 규정하고 있는 만큼 부동산 등기를 할 수 없을 공산이 크다. 하지만 이 조그마한 아파트 9채는 분양을 시작하자마자 모두 팔려 나갔다.

이 같은 추세를 반영하듯 부동산 투자를 위해 대기하는 자금 규모도 천문학적이다. 미국 투자은행 골드만삭스에 따르면 지난해 기준 중국 부동산에 몰려 있는 돈이 무려 52조 달러라고 한다. 이 같은 규모는 미국 부동산 시장의 2배이고 미국 채권시장 전체를 능가한다. 《월스트리트저널》은 "(이를 근거로) 많은 경제학자는 중국 부동산 버블이 2008년 글로벌 금융위기의 도화선이 된 미국 서브프라임 모기지 사태를 넘어섰다"고 경고했다. 거품 붕괴의 뇌관으로 꼽히는 것은 이른바 '그림자 금융'이다. 은행시스템이 아닌 제2금융권 등에서 이뤄져 제대로 관리되지 않는 대출로 인해 거품이 붕괴될 것이라고 예상한다.

시장조사업체 팩트셋에 따르면 미국의 부동산 시장은 2006년 기준 연간 9,000억 달러가 몰리며 정점을 찍었다. 글로벌 금융위기 이후 곤두박질친 미 부동산 시장은 2010년 하반기부터 상승하기 시작했지만 아직 글로벌 금융위기 이전 수준으로는 회복하지 못했다. 반면 중국 시장은 2015년 9,100억 달러로 미국을 뛰어넘은 데 이어 2020년 6월 기준 12개월간 무려 1조 4,000억 달러의 뭉칫돈이 유입됐다.

이에 따라 중국의 1분기 가계부채는 전년 같은 기간보다 13.7% 증가한 56조 5,000억 위안에 이른다. 중국의 1분기 경제성장률은 전년 같은 기간보다 −6.8%로 곤두박질쳤으며 실질 가처분소득은 3.9% 줄었다. 이 와중에도 주택담보대출이 15.9% 늘어나며 가계부채 증가세를 주도한 것이다. 중국 주택담보대출의 급증은 부동산 가격의 지속적인 상승 추세와 코로나19 사태를 극복하기 위해 중국 정부가 2020년 5월, 8조 2,500억 위안 규모의 천문학적인 돈을 시중에 푼 것이 맞물려 있다는 분석이다.

부동산 시장이 급격히 달아오르는 것은 중국 경제에 희소식이기는 하지만 부동산 가격의 버블을 우려하는 중국 정부로서는 고민이 깊어지고 있다. 시진핑 국가주석은 2017년부터 "주택은 살기 위한 곳이지 투기를 위한 곳이 아니다"라며 부동산 시장 단속에 나섰지만 부동산 투자자들은 이에 아랑곳하지 않는 모습이다. 위기감을 느낀 중국 정부는 사실상의 기준금리인 대출우대금리LPR를 동결했다. 개인 투자자들의 과도한 쏠림을 자제시키기 위한 조치도 내렸다. 또한 인민은행은 시중 은행과 대부업체들에 6조 6,000억 달러 규모에 이르는 소비자 대출에 대한 관리 방안을 제출하라고 지시하기도 했다. 전자상거래업체 알리바바그룹의 핀테크 전문 금융 자회사인 마이그룹 등 대형 금융회사들은 대출 시 부동산에 투자할 수 없으며 적발 시 즉시 회수한다는 각서를 받은 것으로 알려졌다.

중국 경제 침체가
세계에 미치는 영향은?

중국의 2020년 1분기 경제성장률이 −6.8%를 기록해 세계를 충격 속으로 몰아넣었다. 지난해 4분기(6.0%)보다 무려 12.8%포인트나 자유 낙하했다. 미·중 무역전쟁이 심화되면서 성장률이 지속적으로 하락하고 있는 마당에 코로나19 사태라는 직격탄까지 맞는 바람에 중국 경제가 급전직하한 것이다. 중국의 올해 성장률이 1976년 문화혁명 이후 44년 만에 가장 낮은 1%대에 그칠 것이라는 비관론이 확산되고 있는 배경이다.

IMF는 지난 6월 '세계 경제전망 수정' 발표를 통해 올해 세계 성장률이 −4.9%를 기록할 것이라고 예측했다. 지난 4월 발표한 전망치(−3.0%)보다 1.9%포인트 추가적으로 끌어내린 수준이다. 당시 IMF는 올해 세계 경제가 대공황(1929~39년) 이후 최악의 경기침체를 겪을 것이라고 예상했는데 이보다 경제 부진이 더욱 심각하다고 본 셈이다. 글로벌 금융위기가 휘몰아치던 2009년 세계 성장률은 −0.1%였다.

IMF는 전망치 하향 조정 이유로 1분기 GDP가 감소한 점 이외에도 ▲1분기 일자리가 지난해 4분기보다 세계적으로 1억 3,000만 개 감소한 점 ▲세계 각국의 국경 봉쇄가 예상보다 길게 이어지는 점 ▲소비와 서비스업 생산이 급감한 점 등을 꼽았다.

나라별로 보면 미국은 지난 4월 −5.9%에서 6월 −8.0%로, 유로존은 4월 −7.5%에서 6월 −10.2%로 각각 성장률 전망치가 하향 조정됐다. 중국은 4월 전망치에 비해 0.2%포인트 하락해 1.0%로, 일본은 4월보다 0.6%포인트 하락해 −5.8%를 각각 기록할 것으로 점쳐졌다. 중국은 코로나19 사태를 조기 종식한 뒤 경제가 빨리 정상화하고 있는 점, 일본은 1분기 GDP 감소폭이 예상보다 낮았던 점 등이 고려됐다.

물론 2020년 세계 경제는 중국 경제의 추락 때문이라기보다 코로나19 사태로 초토화되고 있다. 하지만 코로나19 사태라는 변수가 없더라도 '세계의 공장'에서 '세계의 시장'으로 글로벌 경제의 성장 엔진 역할을 해오던 중국 경제의 하락세는 전 세계의 경기 둔화로 파급될 가능성이 클 수밖에 없다.

특히 중국발 수요 감소는 같은 정도의 미국발 수요 감소의 2배에 달하는 엄청난 파괴력을 갖고 있다. 14억 명의 광활한 중국의 소비시장이 꽁꽁 얼어붙으면서 수입 수요가 줄어들고 중국인 관광객들의 해외 지출이 감소하는 등 경제 충격은 다양한 분야에서 세계 경제를 짓누를 수 있는 탓이다.

중국 경제가 경착륙(한국은행은 중국 경제 경착륙 기준을 5%로 제시)할 경우 충격의 전파 경로는 국제 교역과 중국의 대외 직접투자, 금융시장의 동조화 등이 될 것이다. 중국의 경착륙에 가장 먼저 반응을 보이는 곳은 글로벌 금융시장이 될 것으로 예상된다. 세계 주요국 증시와 외환시장이 요동치면서 글로벌 자금의 급격한 이동을 초래하고 각국의 실물경기에 타격을 가할 것으로 보인다. 신흥국 경기 급랭과 통화가치 급락에 따라 선진국 투자자금이 신흥국 자본시장에서 빠져나가면서 일부 신흥국들은 외환위기나 경제위기에 급속히 빠져들 전망이다.

이에 따라 세계 각국이 성장률 방어를 위해 자국 통화의 가치를 경쟁적으로 떨어뜨리는 환율전쟁에 돌입하면 글로벌 경제는 패닉(공황) 상태에 빠진다. 세계 교역이 급속히 위축되고 보호주의적 장벽이 높아져 개별 국가들이 얻는 이득은 오히려 줄어드는, 세계 그 어느 국가도 원치 않는 결과가 빚어질 공산이 크다. 더군다나 중국 경제가 경착륙의 충격에서 회복되지 않고 장기 저성장 국면으로 진입한다면 세계 경제는 대공황 수준의 디플레이션을 겪을 가능성도 배제할 수 없다.

특히 세계의 공장인 중국의 수요 감소로 원자재 시장이 붕괴 직전에 내몰릴 것으로 보인다. 영국의 투자은행인 바클레이스는 중국의 경제성장률이 3%에 그칠 경우 구리 가격이 60% 이상, 아연 가격은 50% 추락할 것이라고 내다봤다. 호주·브라질·남아프리카공화국 등 원자재 수출국은 직격탄을 맞을 것이 뻔해 중국 의존도를 낮추지 않을 경우 동반 위기에 빠질 것으로 보인다. 예를 들어 2015년 중국 성장률이 1990년 이후 최저 수준으로 떨어지는 등 2015~2016년 중국에서 증권시장 폭락과 위안화 평가절하, 자본 유출이 등이 한꺼번에 겹치며 중국 금융시장이 요동쳤다. 글로벌 증시는 얼어붙고 공포지수(VIX지수)가 예년 위기의 2배 수준으로 치솟으며 투자심리가 위축된 바 있다.

중국 경기가 급속히 둔화하면서 철광석과 무연탄 등 원자재를 중국에 수출하던 브라질·호주·러시아·인도네시아 신흥국 경제는 된서리를 맞았다. 신흥국의 원자재를 거의 독점하다시피 구매해오던 중국의 제조업 경기가 부진해 중국의 수요가 줄어들자 곧바로 경상수지 적자와 급격한 인플레이션, 부채 급증 등 각종 문제가 분출한 것이다.

마찬가지로 한국과 대만, 싱가포르처럼 중국 대륙에 생산과 수출을 의존해오던 국가는 어려움이 더욱 가중될 전망이다. 중국과 교역 규모가 큰 한국과 홍콩, 싱가포르는 2년 동안 성장률이 3%포인트 떨어질 것으로 예측된다. 한국개발연구원KDI은 중국의 성장률이 1%포인트 하락하면 한국의 성장률은 0.21~0.62%포인트 둔화될 것이라고 분석하고 있다.

미국 정부는 중국 경제가 경착륙 국면에 진입할 경우 신흥국은 말할 것도 없고 미국을 비롯한 선진국 경제까지 성장률 급락 충격을 겪을 수 있다고 분석했다. 중국이 글로벌 상품시장과 금융시장 모두에 깊숙이 편입돼 있는 만큼 미국처럼 대對중국 의존도가 낮은 국가라도 간접적 경로를 통해 큰 타격을 받을 수밖에 없다는 지적이다.

미국 연방준비제도가 2019년 10월 공개한 '중국 경착륙에 따른 세계경제 여파Global Spillovers of a China Hard Landing' 보고서에 따르면 중국은 2001년 세계무역기구 가입 이후 해외 연계성을 강화하며 성장률을 끌어올렸지만, 이 과정에서 기업 부채의 급증과 부동산시장 버블 등으로 인해 금융 안정성이 크게 취약해졌다. 이 보고서는 중국 경제가 대내외 충격으로 경착륙하는 상황을 저강도(2년간 GDP 4% 감소)와 고강도(8.25% 감소) 2개군으로 나눠 가정하고 각각 미국과 미국 외 선진국, 신흥국의 GDP가 얼마나 감소하는지 추정했다.

보고서는 중국 경제 부진의 여파가 파급되는 경로 중 금융 부문에 2015~16년 '중국발 금융위기' 당시의 조건을 대입해 '최악이지만 현실성 있는' 시나리오를 상정한 분석도 진행했다. 분석 결과 중국의 GDP가 기준 시점(2018년)부터 2년 안에 4% 감소하는 저강도 경착륙을 할 경우 세계 신흥국들의 GDP는 2.7%가량 감소했다. 반면 선진국은 GDP 감소 폭이 1%대 전반, 미국은 0%대 중반으로 상대적으로 양호했다.

이 같은 차이는 중국 경착륙 양상이 고강도일 때 더욱 두드러졌다. 중국 GDP가 2년간 8.25% 급감하면 신흥국 GDP는 6%, 수출 비중이 높은 국가는 7%가량 급락했다. 그러나 선진국은 감소 폭(3%대 초반)이 신흥국의 절반 수준이었고 미국은 1%대 초반에 그쳤다. 미국의 경우 ▲내수 비중이 높아 다른 나라에 비해 폐쇄적 구조인 점 ▲중국과 금융 연계성이 약한 점 ▲통화정책을 통한 경기 부양 능력이 높은 점을 중국발 충격에 강한 요인이라고 분석했다.

그러나 중국 경기 급락이 2015~16년 중국발 경제위기 수준의 금융시장 충격을 유발할 경우에는 양상이 전혀 달랐다. 미국 역시 상당한 타격을 받아 저강도 경착륙일 땐 GDP의 1%, 고강도일 땐 3%가 각각 감소했다. 선진국은 고강도 경착륙 기준으로 GDP의 4%, 신흥국은 6% 각각 급감했다. 보고서는 "미·중 간의 직접적 금융 연계성은 약하다고 해도 중국발 충격은 위험회피 성향 강화 등을 통해 미국 경제에 적잖은 영향을 줄 수 있다"고 진단했다. 중국 경제 둔화는 전 세계에 악영향을 미치며, 특히 수출 의존도가 27%에 달할 정도로 높은 우리나라의 경우는 그 파급이 더욱 클 수밖에 없다.

GDP 대비 부채 300%,
D의 공포가 온다

중국 기업들에 몰려오는
'디폴트 공포'

2018년 《포천》의 500대 기업 순위 132위에 올랐던 톈진물산天津物産·TEWOO은 2019년 국유기업으로는 20년 만에 처음으로 달러화 채권 12억 5,000만 달러 규모의 디폴트(채무불이행)를 기록한 뒤 채무 조정을 통해 57%의 채권자들은 달러당 37센트만 상환받았다. 중국판 JP모건을 표방했던 민성民生투자는 2019년 1월 과도한 부채를 견디지 못해 위안화 채권과 2개의 달러화 표시 채권 디폴트를 기록했다. 24억 달러의 채권 만기가 돌아오는 민성투자는 자금 확보를 위해 경영진 임금을 삭감하고 자산을 매각하고 있다. 화천華晨에너지도 2019년

12월 5억 달러를 갚지 못해 디폴트 명단에 이름을 올렸다. 화천에너지의 어려움은 모기업인 석탄화학그룹 융타이永泰에너지가 2018년 대규모 디폴트를 선언하면서 이미 예견됐다.

중국 기업들에 '디폴트 공포'가 몰려오고 있다. 중국 금융당국의 비은행권 대출업체와 금융과 정보기술을 접목한 핀테크 업체에 대한 단속이 엄격해짐에 따라 빚더미에 오른 기업을 중심으로 유동성 위기가 가속화되고 있는 것이다.

《사우스차이나모닝포스트》에 따르면 2020년 중국의 회사채 채무불이행 규모는 사상 최대치를 기록할 전망이며 4조 1,000억 달러 규모에 이르는 회사채 시장은 새로운 위험 국면을 맞고 있다. 또한 2020년 말까지 5,290억 달러 규모의 채무가 만기에 도달할 것이며 2분기까지 안정세를 보였던 디폴트 사례도 이미 증가세로 돌아섰다고 보인다. 중국 경제가 전반적인 회복 국면에 접어들고 중국 당국이 금융 지원 정책 강도를 낮추는 가운데 인위적 요인으로 지연됐던 회사채 디폴트가 하반기에 집중해 나타날 것이라는 관측이 제기되고 있다. 블룸버그통신은 "3분기 들어 채무불이행 사례는 이미 전분기보다 증가하는 방향으로 돌아섰다"며 "연말까지 중국에서 만기가 돌아오는 회사채 규모는 3조 6,500억 위안에 달해 디폴트 우려가 고조되고 있다"고 설명했다.

특히 일부 중국 지방정부들도 무분별한 채권 발행으로 빚더미에 올라앉았다. 2020년 8월 지린성의 지방정부채 상환이 지연되면서 상환

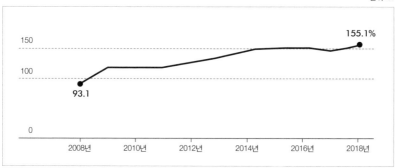

중국의 GDP 대비 기업 부채 비중 추이

단위: %

155.1%

150

100

93.1

0

2008년   2010년   2012년   2014년   2016년   2018년

자료: 국제결제은행

가능성에 대한 의문이 증폭되고 있는 등 헤이룽장성, 랴오닝성, 윈난성, 구이저우성, 쓰촨성 등이 채권 상환에 어려움을 겪을 것으로 우려되고 있다. 《사우스차이나모닝포스트》는 향후 8개월 안에 83개 회사가 디폴트에 직면할 것이라고 내다봤다.

중국의 GDP 대비 기업 부채 비율은 2020년에 13% 상승한 164.4%를 기록했다. 이에 따라 중국 지방정부에선 금융 취약 고리로 통하는 중소은행을 대상으로 구조조정을 단행하기 시작했다. 구조조정은 부실 은행 간 인수합병이나 재무건전성이 높은 은행이 부실 은행 지분을 사들여 자금 숨통을 터주는 방식 등으로 추진되고 있다. 지난 8월 이후 산시성 정부 주도로 진행 중인 은행 간 M&A가 대표적인 사례다. 산시성 정부는 진중晋中은행과 진청晋城은행, 양취안陽泉은행, 창즈長治은행, 다퉁大同은행 등 5개 관내 상업은행의 합병을 진행 중이다. 산시성엔 여섯 개의 상업은행이 있는데, 이 중 자산 규모가 가장 큰 진상晋商은행을 제외한 나머지 은행을 합쳐 산시은행으로 재탄생시킬 계획이다.

중국 기업들의 부채 문제는 금융당국이 2017년 말부터 민간 부채를 줄이기 위해 자금대출 규제를 강화하고, 2018년 상반기 이후 미중 무역 전쟁과 코로나19 사태 확산 등에 따른 급격한 경기 둔화로 영업 실적이 악화되면서 위험 수준에 다다랐다. 중국 신용평가사들이 전례 없이 많은 중국 기업들의 신용등급을 강등하는 추세를 감안하면 디폴트 공포는 더욱 커질 것이란 우려가 나올 수밖에 없는 게 현 상황이다. 중국 신용평가회사 다궁大公은 2018년 13개 기업의 신용등급을 낮췄다. 그로 인해 회사채 금리까지 상승하고 있는 상황에서 은행의 지원마저 받지 못하게 된 민간기업들이 채권 상환에 더 어려움을 겪고 있다.

물론 중국 금융당국은 은행들에 중소기업 대출을 강화하라고 주문하고 있다. 실제로 이강易綱 인민은행장은 루자쭈이陸家嘴 금융포럼에서 고용의 80%를 창출하는 중소기업에 대한 대출을 늘리라고 은행들에 촉구했다. 하지만 은행들이 중소기업 대출을 꺼리는 바람에 이미 수천 개의 P2P 거래 대출금융 플랫폼이 문을 닫았다. 중국청신誠信국제신용평가공사 리스 등급·채권연구국장은 "기업 수익이 나빠졌고 이것이 경제 성장 둔화로 이어져 향후 쉽게 개선되지 않을 것으로 예상된다"며 "비은행이 은행처럼 대출하는 그림자 금융에 대한 단속이 이어지는 한 채권 차환 발행도 어려울 것"이라고 내다봤다.

미국과의 무역전쟁은 기업들의 자금난에 직격탄을 날린 모양새다. 블룸버그통신은 미국과 중국 양자 간 무역전쟁이 무역을 넘어 중국 금융권을 강타해 회사채 디폴트로 이어질 수 있다고 분석했다. 징 울리치 JP모건체이스 아시아·태평양 부회장겸 매니징 디렉터는 보복 관세로 소비자 수요가 줄어들고 경제에 거시적인 타격이 예상된다며 "이 여파가 장래에 신용 수준 저하로 이어질 수 있다"고 설명했다. 그러면서 무역전쟁이 중국 기업들의 상환 능력을 떨어뜨리고 소규모 은행들을 위기로 몰아넣고 있다고 지적했다. 가뜩이나 당국의 부채 감축 압박으로 대출이 어려운 상황에서 보복관세까지 부과되면 경영 악화는 피할 수 없게 된다는 것이다.

미·중 무역전쟁이 극단으로 치달으면서 수출액이 많은 중국의 피해가 더 크다. 저장성 기업인 200여 명이 참석한 가운데 저장성 항저우에서 총회를 열었다. 이곳 출신인 마윈은 연설을 통해 "미·중 무역전쟁이 계속될 30년간 세계 경제의 판이 새로 짜일 것"이라며 "개혁·개방 때와 비슷한 거대한 변화가 일어나고 여기 있는 200개 기업 중 20개 정도만 살아남을 것"이라고 경고했다.

중국의 총부채 비율은 국제금융협회에 따르면 2008년 160%에서 2020년 3월 317%로 급상승했다. 중국 부채 규모도 2018년 6월 기준 36조 달러로 27조 달러에 머문 신흥시장(중국 제외) 전체 부채 규모를 처음 웃돌았다며 중국의 고질적인 부채 문제가 신흥시장은 물론 글로벌 경제의 약한 고리를 통해 터져 나와 전 세계로 확산될 가능성을 지적하고 있다.

현재 중국의 부채 문제는 이전과는 다르다. 그동안은 돈을 풀어 소비와 투자를 유지할 수 있었지만, 이제는 중국 정부도 더 이상 여력이 없어 위기가 불거졌을 때 마땅히 쓸 만한 정책 수단이 없다. IMF는 부채 증가세가 꺾이지 않으면 금융위기가 터지거나 최소한 성장 둔화가 불가피할 것이라고 전망했다. 이 때문에 중국 지도부는 2020년 10월 말 베이징北京에서 폐막한 공산당 제19기 중앙위원회 제5차 전체 회의(19기 5중전회)에서 14차 5개년(2021~2025년) 경제 계획안을 통과시켰지만, 경제 성장률 목표치를 제시했던 이전과는 달리 향후 5년간의 경제성장률 목표를 구체적인 수치로 제시하지 않았다. 2020년 5월, 8조 2,500억 위안 규모에 이르는 슈퍼 경기부양책으로 부채가 눈덩이처럼 불어나고 있는 데다 미·중 무역전쟁과 코로나19 사태로 경제의 불확실성이 커지고 있는 까닭이다.

당황한 중국 정부는 서둘러 진화에 나섰다. 인민은행은 상업은행의 유동성 확보와 기업 자금난 해소를 위해 지난 4월 지급준비율을 1%포인트 인하하고, 금융사가 중앙은행에 넣어둔 초과 지급준비금에 대한 금리를 0.72%에서 0.35%로 낮췄다. 초과 지급준비금 금리 인하는 세계 금융위기가 발생한 2008년 이후 처음이다. 중국 당국은 기업대출 지원을 유도하고 금융기관에 일정 기간 대출 원금과 이자 상환 유예를 요구했다. 하지만 금융 지원책이 부실채권 급증 우려에 이어 재무건전성 취약 은행을 중심으로 경영 부담을 가중시키는 부작용을 낳자 중국 당국이 수습에 나서는 모양새다.

크리스토퍼 리 스탠다드앤푸어스 기업평가 부문 매니징 디렉터도 "(회사채 디폴트는) 신용 리스크를 가격에 반영해 장기적으로 더욱 건강한 채권 시장을 만들기 위해 필요하다." "다만 시스템이 붕괴될 정도의 리스크가 발생한다면 중국 당국이 신속히 개입할 가능성이 높기 때문에 대규모 디폴트나 연쇄 디폴트는 발생하지 않을 것"이라고 내다봤다.

하지만 중국 기업들의 채무불이행 사례는 3분기에 이미 증가세로 돌아섰으며, 연말까지 3조 6,500억 위안에 이르는 기업어음cp이 만기에 이를 것으로 예상된다. 홍콩 아다마스자산운용의 브록 실버스 최고투자책임자cio는 "중국의 회사채 디폴트 규모가 올해 사상 최대에 달할 것"이라면서 "(중국) 정부는 이를 막을 능력도 의지도 없다"고 말했다.

중국 경제의 디폴트 사태는 전 세계 경제에 막대한 피해를 줄 수 있다. 당장 미국의 금리 인상을 지연시키는 요인으로 작용할 전망이다. 일본 역시 공장장비 제조업체와 전자부품업체 등이 중국에서 매출 급감을 겪고, 중국 경제의 급락에 따른 원유 수요 감소는 유가를 떨어뜨려 산유국을 강타한다. 이뿐만 아니라 유가 하락은 저물가가 큰 걱정거리인 미국과 유로존, 일본 등에도 부담을 안기고 있다. 디플레이션이 발생하면 물가 하락을 예상하는 소비자들이 지출을 줄이고 기업은 생산을 줄이게 돼 저성장에서 헤어나기 어렵다.

중국 의존도가 높은 한국 경제는 직격탄을 입을 수밖에 없다. 중국은 우리나라 총수출에서 차지하는 비중이 4분의 1인 최대 교역국이다. 현대자동차와 같은 한국 간판기업도 실적 악화로 어려움을 겪는 마당에 '차이나 리스크'가 현실화하면 파장은 더 커질 수 있다. 한국은 경상수지 흑자 추세가 꾸준히 지속되고 있는 데다 외환보유액도 처음으로 4,000억 달러를 훌쩍 넘었다. 과거보다 위기대응 능력이 커진 것은 분명하지만 방심은 금물이다.

중국 경제성장률이 1%포인트 떨어지면 한국의 수출 증가율은 1.6%포인트 하락하고 경제성장률도 0.5%포인트 줄어들 것이라고 현대경제연구원은 내다봤다. 중국의 경제성장률이 4.4%까지 추락해 '회색 코뿔소' 경고가 현실화할 경우 한국 경제성장률은 1.2%포인트까지 하락 압력을 받을 것이라는 분석이다. 정부든 기업이든 중국에서 나타날 최악의 사태까지 예상해 선제적 대처 방안을 마련해야 할 것이다.

중국 경제 덮치는 '디플레이션'

중국에 '디플레이션(경기 침체 속 물가 하락)의 공포'가 밀려오고 있다. 중국 경제가 코로나19 사태에 따른 충격에서 빠르게 회복되고 있지만 전 세계적인 코로나19 재확산, 미·중 갈등 심화 등의 영향으로 수요 둔화가 지속되는 가운데 생산자물가지수PPI가 지속적으로 마이너스를 기록하면서 중국의 디플레이션이 현실화하고 있다는 진단이 나온다. 원자재와 중간재 가격, 제품 출고가 등을 반영하는 PPI는 3~6개월 후 제조업 활력과 관련된 경기 흐름을 가늠하는 경기 선행 지표 중 하나다.

중국 국가통계국에 따르면 2020년 10월 PPI는 전년 같은 기간보다 2.1% 하락해 9개월째 마이너스 행진을 이어갔다. PPI의 마이너스 행진이 계속되고 있는 데다 9월의 하락률(2.1%)과 동일하지만 블룸버그통신의 시장 예상치(1.9% 하락)보다 감소 폭이 더 컸다는 점에서 위기의 신호로 읽힌다. PPI 하락은 중국의 10월 수출 증가율이 11.4%로 19개월 내 최고치를 기록하는 등 무역과 제조업 분야가 코로나19 여파에서 회복세를 보이고 있지만, 원유 가격이 낮아진 것 등이 PPI 하락의 주요인으로 분석됐다. 스위스 투자은행 UBS 장닝張寧 이코노미스트는 "PPI와 비非식품 물가 하락은 모두 성장률 모멘텀이 둔화하고 내수가 취약하다는 것을 시사하고 있다"고 지적했다.

중국 PPI는 미·중 무역전쟁 여파로 2019년 7월부터 6개월 연속 마이너스를 기록하다가 2020년 1월, 0.1% 플러스로 돌아섰다. 그러나 2월부터 코로나19 사태가 확산하면서 다시 9개월째 마이너스를 기록하고 있다. 3월부터 코로나19 사태가 전 세계로 확산한 여파로 글로벌 수요가 감소하면서 제조업이 큰 타격을 받은 게 가장 큰 영향을 미친 것으로 보인다. 이에 따라 중국 경제가 2012년 3월부터 2016년 8월까지 54개월 연속 PPI가 마이너스를 기록하면서 장기 디플레 국면에 빠졌던 상황으로 다시 들어가는 것 아니냐는 우려의 목소리가 나온다. PPI가 마이너스로 들어서면 통상적으로 디플레의 전조로 받아들여진다. 일반적으로 경기 하강 국면에서 나타나는 디플레는 산업생산 감소와 실업 증가 등으로 이어지면서 경제에 큰 부담을 줄 수 있다. PPI 부진이 이어질 경우 부채 비율이 높은 기업은 디폴트 함정에 빠질 수 있고 결국 소비자의 지갑도 얇아져 내수 부진 현상이 가속화한다.

중국의 소비자물가지수CPI 상승률도 3년여 만에 처음으로 1%를 밑돌았다. 국가통계국에 따르면 중국 10월 CPI는 전년 같은 기간보다 0.5% 상승하는 데 그쳤다. 전 달인 9월(1.7%)보다 1.2%포인트나 곤두박질친 것이다. 특히 돼지고기를 포함한 식품 물가가 1.8% 하락하면서 CPI 상승률을 0.4.1%포인트 정도 끌어내린 것으로 분석됐다. 블룸버그통신이 조사한 CPI 상승률 시장 예상치는 0.8%였다. 중국의 CPI 상승률이 1% 아래로 내려간 것은 2017년 3월 0.9%를 기록한 이후 처음이다. 2009년 10월 CPI가 0.5% 하락한 뒤 11년 만에 가장 낮은 상승률이기도 하다.

이런 문제의 심각성을 인식한 중국 정부가 2020년 들어 내세우고 있는 경제론은 이른바 '쌍순환雙循環 전략'으로 설명된다. 중국 입장에서는 이미 상수로 변해버린 미·중 갈등에 엎친 데 덮친 격으로 코로나19 사태까지 터지면서 글로벌 교역의 불확실성이 크게 증폭됐다. 상황 타개를 위해 중국이 내세우는 전략이 바로 내수 위주의 국내 대순환을 기반으로 글로벌 교역(국제 대순환)을 확대하는 '쌍순환'이다. 전 세계가 코로나19 충격에서 빠져나오지 못한 데다 미·중 디커플링(탈동조화)까지 겹치는 바람에 무역과 거래가 상당 부분 막혀 있는 만큼 먼저 '내수'를 중심으로 경제를 성장시킨 뒤 해외로 확대하자는 논리다.

쌍순환 전략은 코로나19 방역에 대한 중국 정부의 자신감이 붙기 시작한 2020년 5월에 처음 제시됐다. 시진핑 국가주석은 최고 의사결정 기구인 당중앙정치국 상무위원회 회의에서 "중국의 세계 최대 규모 시장과 내수 잠재력 장점을 살려 국내·국제 쌍순환이 서로 촉진하는 새로운 발전 구조를 만들어야 한다"며 이런 구상을 밝혔다. 그러면서 2020년 CPI 상승률 목표를 '3.5% 안팎'으로 제시했다. 중국 정부는 이에 따른 후속 조치로 지난 7월부터 1인당 면세 한도를 3만 위안에서 10만 위안으로 대폭 늘리는 등 하이난성 내국인 면세점 우대 정책을 쏟아내며 중국이 내수 위주의 성장으로 전환하는 신호탄을 쏘아 올렸다.

하지만 중국의 CPI 상승률은 올해 코로나19 사태에 따른 식료품 공급 차질 여파 등으로 지난 1월 5.4%까지 치솟았다가 지속적으로 하락세를 보여왔다. 중국인들이 즐겨 먹는 돼지고기 가격은 그동안 아프리카돼지열병ASF에 따른 공급 부족으로 고공행진을 이어왔다. 그런데 지난달에는 수입 및 사육두수 증가 등에 따른 공급 확대로 2.8% 하락해 2019년 2월 이후 처음으로 가격이 떨어졌다. 9월까지만 해도 돼지고기 가격은 전년 같은 기간보다 25.5% 상승하는 등 19개월 연속 상승세를 기록했다. 코로나19 사태 확산세가 주춤하면서 중국 경제가 회복세를 보이고 있지만 디플레 우려는 여전하다는 지적이 나오는 배경이다. 고용 상황의 개선이 매우 더디다는 점도 중국 디플레를 부추기는 요인으로 작용한다. 중국의 9월 도시 실업률은 5.4%다. 올해 2월 6.2%에 비해 크게 낮고 지난 8월(5.6%)에 비해서도 소폭 하락세를 보였다.

중국의 경우 근로시간이 단축되거나, 임금이 삭감된 근로자들도 실업률 통계에 반영되지 않는다. 미국과 유럽 국가들의 경우 고용 상태를 유지한다 하더라도 실제로 근무하지 못할 경우 실업자로 간주한다. 첸 싱둥 BNP파리바 중국담당 수석 이코노미스트는 "중국 도시 근로자 중 30%에 해당하는 1억 3,200만 명 가량이 일시적으로 실직하거나 권고휴직을 받았을 것으로 추정된다"고 설명했다. 일각에서는 파산 신청한 기업들 수가 많은데도 불구하고 실업률에 큰 변화가 없다는 점에 의문을 제기한다. 미 공영방송 NPR에 따르면 코로나19가 중국 경제를 강타한 이후 수천만 개의 도시와 공장 일자리가 증발했다. 코로나19 사태가 진정 국면에 접어든 6월 이후에는 상황이 개선되기 시작했지만 글로벌 경제의 급격한 둔화와 수출시장의 위축으로 재취업자는 극히 일부에 그쳤다는 것이다.

중국 경제의 월별 지표가 하향곡선을 그리면서 경제성장률 둔화에 대한 위기감도 커지고 있다. 국가통계국에 따르면 3분기 GDP는 2분기 성장세의 탄력을 받아 지난해 같은 기간보다 4.9% 증가했다. 그래서 국가통계국은 중국 경제가 코로나19 충격에서 빠르게 벗어나고 있다고 밝혔지만, 시장 관계자들은 성장률 수치가 예상보다 크게 저조하다는 점에서 우려를 감추지 못하고 있다. 당초 3분기 경제지표 발표를 앞두고 중국 다수 기관들은 중국 경제가 3분기에 5~5.5%대 성장률을 기록할 것이라고 내다봤다. 중진中金공사 등 일부 기관은 5.6%의 높은 예상치를 제시하기도 했다. 로이터통신과 블룸버그통신 역시 3분기 성장률 전망치를 5.2%, 5.5%로 각각 전망했다. 중국 경제 전문가들은 코로나에 따른 수입 감소로 소비 활동이 여전히 부진한 데다, 수출 회복에도 불구하고 세계 코로나19 확산세가 기승을 부리면서 대외 수출이 한계를 드러내 3분기 지표가 예상을 밑돌았다고 진단했다. 상황이 이렇다 보니 2020년 중국 경제 3%대 성장 달성에 대해 강한 회의론이 고개를 들고 있다.

중국 경제는 코로나19 직격탄을 맞아 1분기 성장률이 −6.8%로 후퇴했고, 2분기에 공장가동 조업 재개가 본격화하면서 3.2%의 플러스 성장세로 V자 반등세를 실현했다. 이후 경기 부양책이 본격화하면서 투자와 소비 수요가 살아나고 경제 회복이 비교적 빠른 템포를 나타냈다. 하지만 2분기 실현한 V자 경기 반등의 동력이 3분기로 계속 이어지지는 못했다. 중국 경제는 3분기 들어 신용 대출과 재정 부양에 힘입어 부동산과 인프라 투자 등이 호조를 보였다. 다만 제조 기업들의 투자나 민간 소매 판매는 코로나19 영향이 크게 작용하면서 여전히 2019년 수준으로 회복하는 데는 힘이 부치는 모습이다.

중국 경제 전문가들은 제조업 투자와 소매 판매가 점진적으로 회복되고 있지만 아직은 동력이 부족한 모습이고, 3분기 지표로 볼 때 2020년 전체 GDP 성장률이 3%대에 이를 수 있을지는 두고 봐야 하는 상황이라고 지적했다. 크리스토스 지안니코스 컬럼비아 대학 교수는 "생산자물가가 하락하는 동시에 소비자물가가 상승하면서 중국 정책 입안자들은 디플레이션과 인플레이션 사이의 덫에 빠졌다." "경제를 활성화시켜 생산자물가를 높이면 소비자물가도 따라 오르고 생계비도 오르게 되는 구조"라고 설명했다.

중국이 무너져도
살아날 구멍은 있다

'차이나 버블'은
결코 터지지 않는다

블룸버그 이코노믹스Bloomberg Economics 수석 이코노미스트이자 중국 경제 전문가인 토머스 올릭은 저서 《중국, 결코 터지지 않는 거품China: The Bubble that Never Pops》을 통해 그 이유를 집중적으로 천착했다. 그는 중국 정부가 서구 이코노미스트들이 지적하는 부채 문제와 국유기업 부문의 비효율성, 중장기적인 고성장의 덫 등 중국 경제의 '뇌관'을 '비교적 잘 관리해 나가는' 만큼 '차이나 버블'은 쉽사리 터지지 않는다고 주장한다. 하지만 이 말에 안심하기에는 중국의 불안 요소가 적지 않다.

우선 중국의 부채 문제는 서구 전문가들뿐 아니라 중국 내부에서도 가장 큰 경제의 위험 요소라고 인식하는 부분이다. 중국 경제의 GDP 대비 부채 비율은 2018년 140%대에서 현재 300%를 넘어섰다. 이처럼 빠른 속도로 과도하게 부채가 늘어난 나라들은 예외 없이 금융위기를 겪었다. 1997년 한국의 외환위기와 2008년 미국의 글로벌 금융위기를 촉발한 '서브프라임 모기지 사태'가 대표적이다. 과도한 부채 이후엔 어떻게든 버블이 터지는 단계를 거쳤다는 말이다. 그러나 '돌려막기'만 제대로 한다면 위험한 것은 사실이지만 금융시스템 붕괴까지는 이어지지 않는다. 중국 정부도 이를 간파하고 디레버리징(부채 감축)에 들어간 상태다. 높은 저축률을 바탕으로 대출을 돌려막기로 부채를 재조정하고 있기 때문에 연착륙이 가능하다는 주장이다. 다만 미·중 무역전쟁 격화되는 와중에 코로나19 사태가 터지면서 디레버리징 정책이 사문화돼 부채 리스크가 커지고 있는 것은 새로운 변수다.

다음은 중국의 국유기업 부문이 위험 요소다. 중국 경제는 국유기업 부문이 과도하게 커서 비효율적이며 이 부분의 거품은 어떻게든 터질 것이라는 논리다. 하지만 중국 국유기업의 자산 규모를 모두 합치면 4조 달러가 넘는다. 이 같은 규모를 하나의 국가 경제와 비교하면 독일 GDP보다 더 크며, 전 세계에서는 세 번째로 크다. 국유기업은 엄청난 규모의 비효율 덩어리이지만 손실을 감수하더라도 정부가 지시하는 일을 도맡아 처리해 그만큼 경제발전에 필요한 도구 역할을 톡톡히 하고 있다. 마지막으로 중국 경제가 중장기적으로 고성장의 덫에 걸릴 것이라고 생각하는 부분이다. 중국의 노동 인구 감소, 빈부 격차 등이 문제가 될 수 있지만 중국은 규모의 경제와 기술 도입에 따른 생산성 증가가 경제개발을 지속적으로 담보할 수 있다는 분석이다.

그렇지만 2020년 들어 미·중 갈등 심화와 코로나19 사태가 겹치면서 중국 이전에 겪어보지 못한 어려움에 직면했다. 이를 극복하기 위해 글로벌 금융위기 때 재미를 본 '돈 풀기' 카드를 다시 빼들었다. 지난 5월 전국인민대표대회에서 경기 부양에 방점을 둔 8조 2,500억 위안 규모의 슈퍼부양책을 내놓은 것이다. 이것도 모자라 5세대 이동통신과 인공지능, 빅데이터, 고속철도 등 인프라 사업에 중·장기적으로 50조 위안에 이르는 초대형 뉴딜도 계획 중이다.

그런데 경제학자들에 따르면 기본적으로 버블은 반드시 '통화의 팽창'이 전제가 된다. 즉, 통화는 실물경제의 결제를 위해 수반되는 까닭에 실물경제 수준에 맞게 통화 수급이 시장 안에서 이뤄지는 게 정상이다. 하지만 중앙정부가 경기 급락을 막기 위해 유동성 공급이나 이자율 조작을 통해 시중에 통화량을 늘리면 통화는 생산에 필요한 자금으로 들어가기보다 부동산이나 주식시장 등으로 흘러 들어가 자산가격의 버블을 불러온다. 이런 자산가격 버블은 경기 회복이라는 착시현상을 만들고 일시적인 투자와 고용을 촉진한다. 그러나 자산 버블을 막기 위해 정부가 긴축정책을 펴면 결국 버블이 터지면서 국가 경제는 걷잡을 수 없는 상황으로 치닫게 되는 것이다.

중국은 2000년대 이후 '세계의 공장'으로 떠오르면서 '중국 중심의 신흥국 생산과 미국 위주의 선진국 소비'를 축으로 한 글로벌 공급사슬을 형성했다. 중국은 이미 2008년에 자본재와 소비재 수출, 총수출 세계 1위, 중간재와 원자재는 각각 3위, 10위로 올라섰다. 이런 위상을 가진 중국의 경제의 급락은 글로벌 경제 성장에 직격탄이 될 수밖에 없다. IMF는 중국 GDP가 1%(산업생산 3%) 떨어질 때 선진국 산업생산은 0.1%가 하락할 것이라고 분석했다. 한국 등 중국과의 교역과 생산 연계가 밀접한 아시아 수출국은 더욱 큰 충격을 받을 것으로 예상된다.

세계의 공장으로 부상하면서 상품 수입 확대에 힘입어 중국은 상품 시장에서도 '큰손'으로 등장했다. 특히 중국의 원유 소비는 2004년 이후 국제유가 상승의 20%를 견인했다. IMF에 따르면 중국 GDP 1% 하락 때 유가 및 구리 등의 금속 가격은 6% 하락시킬 것이라고 예측했다. 세계에서 경제 규모가 두 번째로 크고 무역 의존도가 높은 중국 경제가 삐걱거리면 중국과 교역 및 투자 관계가 밀접한 경제들이 먼저 영향을 받겠지만 국제분업의 고리를 따라 급속히 퍼져 전 세계 각국에도 적잖은 파장이 미칠 것이다.

중국의 버블 붕괴에 가장 먼저 반응을 보이는 곳은 글로벌 금융시장이 될 전망이다. 세계 주요국 주가가 급락하고 외환시장이 요동치면서 핫머니(단기 투기자금)의 급격한 이동을 불러 각국의 실물경기에 타격을 가할 것으로 예상된다. 신흥국 경기 급랭과 통화가치 급락에 따라 선진국 투자자금이 신흥국을 탈출하면서 일부 신흥국의 경제는 위기에 빠질 가능성이 있다. 경제위기에 빠진 신흥국들이 성장률 방어를 위해 자국 통화의 가치를 경쟁적으로 떨어뜨리는 환율전쟁이 시작된다면 세계 교역이 더욱 위축되고 보호주의적 장벽이 높아질 것이다. 더욱이 중국 경제가 충격에서 회복되지 않고 장기 저성장 국면으로 진입한다면 세계 경제는 글로벌 금융위기에 버금가는 대공황 수준의 디플레를 겪을 가능성도 배제할 수 없다.

한국은 중국 경제 움직임에 가장 취약한 경제 중 하나다. 중국 수입시장 점유율 1위국인 데다 광범위한 분야에서 긴밀한 국제분업 관계를 형성하고 있기 때문이다. 실제로 한국 기업은 일본에서 소재를 수입해 중간재를 만들어 중국으로 수출하는 경우가 많다. 중국 기업이나 중국에 진출한 한국 기업은 한국산 중간재로 완제품을 만들어 중국 내수 또는 미국 등 해외로 수출한다. 이 같은 산업 구조 탓에 한국 경제는 중국발 경제위기 현실화에 가장 큰 타격을 입을 가능성이 높다.

미국과 중국에 대한 수출액의 GDP 대비 비율을 비교하면 이미 2013년에 중국(11.2%)이 미국(4.8%)의 2.5배 수준으로 커졌다. 내수 시장에 대한 수출 비중만 따져도 중국이 미국보다 훨씬 커졌다. 이에 따라 미국에서 100단위의 수요 감소는 한국의 부가가치를 0.2단위 감소를 가져온다. 반면 같은 규모의 중국발 수요 감소는 한국에 1.0단위의 부가가치 감소를 가져온다. 중국발 수요 변동의 임팩트가 동일 규모의 미국발 수요 변동에 비해 한국에 대해 5배에 가까운 위력을 발휘한다는 얘기다.

중국 경제의 경착륙에 따른 위안화 평가절하는 한국의 대중국 수출에 큰 타격을 줄 것으로 예상된다. 무엇보다 경기 침체에 따라 중국의 수입 수요가 감소하고 중국 기업의 가격경쟁력이 강화됨에 따라 대중국 수출이 크게 감소할 것으로 보인다. 이는 한국 기업들에 큰 충격을 주면서 중국 사업 전략에 있어 근본적인 변화를 요구하게 될 것이다.

중국발 경제위기 파급에서 벗어나기 위해서는?

중국 정부는 2020년 5월 22일 개막한 전국인민대표대회에서 2020년 경제성장률 목표치를 제시하지 않았다. 리커창 총리는 이날 오전 9시 베이징 인민대회당에서 열린 13기 전국인대 3차회의 정부업무보고를 하며 구체적인 성장률 목표치를 정하지 않았다고 밝혔다. 그러면서 전 세계 코로나19 팬데믹(대유행)과 경제·무역 불확실성 때문에 경제 성장 예측이 어렵다"고 덧붙였다. 중국 정부는 그동안 해마다 전국인대 개막식에서 총리가 그해 성장률 목표치를 제시하고 여기에 맞춰 자원을 통제·분배해 왔다. 그런데 중국이 성장률 목표치조차 제시하지 못했다는 것은 코로나19 사태에 따른 충격이 글로벌 금융위기 당시보다 훨씬 크다는 것을 의미한다. 지난해 6.1%를 기록한 성장률은 미·중 갈등이 심화되고 코로나19 사태가 급속히 확산되는 악재가 겹치며 올해 1분기 −6.8%로 곤두박질쳤다. 마이너스 성장은 문화혁명 마지막 해인 1976년 이후 44년 만이다.

'발등에 불이 떨어진' 중국 정부는 7조 2,500억 위안이라는 천문학적 규모에 이르는 '중국판 뉴딜'로 경기부양에 나서겠다고 발표했지만 부채 과다 등 중국의 구조적 문제가 도사리고 있는 탓에 성장률을 끌어올리는 데 한계가 있을 수밖에 없다. 물론 중국이 코로나19 사태 통제에 성공하면서 성장률을 1분기보다 무려 10%포인트 끌어올리며 2분기에 3.2%로 급반등하고 소비심리가 되살아나는 등 희망적 요소도 엿보이지만 중국의 대외적 여건은 여전히 숙제로 남아 있다. 중국의 주요 수출 대상국인 유럽연합(17.2%)과 미국(16.7%), 동남아(14.4%), 일본(5.7%), 한국(4.4%) 등이 코로나19 사태가 진정되지 않고 있는 만큼 중국의 내수시장이 급속히 살아나지 않으면 경기 회복이 어려운 까닭이다.

푸링후이付凌暉 중국 국가통계국 대변인은 지난 9월 기자간담회를 통해 "하반기 경제 상황에 몇 가지 위험 요인이 있다." "세계 경제의 회복이 여전히 어렵고, 팬데믹은 효과적으로 억제되지 않으며 외부 경제는 여전히 불안정하고 불확실하다. 국내에서도 일부 산업과 기업이 여전히 어려움을 겪고 있으며 회복세가 고르지 못하다"고 지적했다. 글로벌 경제가 코로나19 팬데믹 소용돌이에서 빠져 나오지 못하고 있는 마당에 중국 경제만 '독야청청' 성장하기는 쉽지 않다는 것이다. IMF도 6월 공개한 '2020년 수정 세계경제전망'에서 올해 중국의 GDP 증가율을 1.0%로 내다봤다.

중국의 성장률이 5% 밑으로 떨어지면(한국은행 금융통화위원회는 중국 경착륙 기준을 5%로 제시) 실업자 양산, 금융 부실 등으로 이어지고 급기야 글로벌 경제 위기를 불러올 수 있다는 '차이나 리스크'가 늘 거론되고 있다. 성장률의 하락이 빠르면 당연히 기업 매출 및 이익의 감소, 부채 상환 압력 증가, 기업 도산, 금융부실 증가 등의 악순환에 빠져든다.

이 중에서도 금융 리스크는 매우 높은 편이다. 가장 기본적인 잣대가 되는 것이 기업 부채다. 중국의 기업 부채는 한때 GDP 대비 173%까지 치솟았다가 중국 정부의 지속적인 기업 구조조정 등 디레버리징 정책으로 지난해 6월 기준 164%까지 떨어졌다. 하지만 이 수준은 일본 '버블 정점기(1989년)'의 GDP 대비 기업 부채 비율인 132%보다도 훨씬 높다. 언제든지 기업 부채 문제가 경제위기의 뇌관이 될 수 있다는 얘기다.

덩샤오핑이 1970년대 말부터 개혁·개방정책을 실시한 데 힘입어 '세계의 생산공장'으로 부상한 중국이 우리나라 경제에 끼친 영향은 미국에 비할 바가 아니다. 1990년대 초 이후 중국은 한국이 가장 큰 교역 대상국이자 투자 대상국이다. 우리나라가 IMF 외환위기를 생각보다 빨리 극복할 수 있었던 것도 때맞춰 급성장한 중국 경제의 덕분이라고 해도 지나친 말은 아닌 것이다.

중국은 지금까지 한국 경제의 가장 중요한 대외 변수였고 기회 요인이기도 했다. 그런 중국이 도널드 트럼프 대통령의 '미국 우선주의'의 표적이 되면서 중국 경제의 급격한 침체 가능성에 대한 우려가 점점 커지고 있다. '중국발 날벼락'을 맞아 패닉 상태에 빠지지 않도록 선제적 대응 태세를 갖춰야 하는 이유다.

이번 코로나19 사태는 우리나라가 중국의 경제적 '속국'이라는 사실을 새삼 확인할 수 있게 했다. 중국이 한국의 전체 수출 27%, 수입 21%를 차지하고 있다. 한국무역협회에 따르면 2019년 우리나라의 중국에 대한 수출액은 1,362억 달러에 이른다. 미국(733억 달러)과 일본(284억 달러)을 합친 것보다 350억 달러 가까이 더 많다.

국내 제조업체들의 중국 의존도 높다. 코로나19 발생 초기 현대자동차 등 주요 대기업 공장들이 중국으로부터의 부품 조달이 되지 않아 하루 이틀 공장 가동을 중단했다. 국내 마스크 품귀 현상 초기에 중국 수출 중단을 고려할 때 마스크 제조 핵심 재료의 중국으로부터의 수입이 끊어질까 걱정했다. 더군다나 중국을 통한 우회 수출도 많아 중국 현지 공장들이 문을 닫고 시장이 가라앉으면 한국 경제가 직격탄을 맞게 되는 구조인 것도 큰 문제였다.

이뿐만이 아니다. 우리나라에서 일하고 있는 국내법상 저숙련 외국 인력으로 분류되는 51만 명의 40%가 중국 국적의 조선족이다. 건설 현장과 식당 등은 중국 조선족이 없으면 일을 할 수 없을 정도다. 가사 도우미, 간병인의 조선족 인력에 대한 의존은 절대적이다. 식당 등은 손님이 없어 코로나19 발생 초기와는 달리 인력 부족을 걱정하지 않지만 초·중학교의 개학과 휴교가 반복되면서 코로나19 감염 위험이 있는 조선족 도우미는 싫으나 이들을 대체할 수 있는 마땅한 도우미를 구하지 못해 일하는 엄마들은 발을 동동 구른다.

중국 경제의 경착륙과 장기 저성장은 한국 기업들에게 큰 충격을 주면서 중국 사업 전략에 있어 근본적인 변화를 강요하게 될 것이다. 충격은 사업 유형과 방식에 따라 다르게 나타날 수 있다. 때문에 대응 역시 사업 유형이나 방식을 고려해 방향을 잡을 필요가 있다. 단기적으로는 중국 실물경제의 방향성과 금융시장의 변동성에 대한 모니터링 강화 및 대외 리스크 조기경보 시스템의 실행능력 점검이 필요하다.

중장기적으로는 새로운 시장 발굴과 산업경쟁력 강화 등을 통해 해외의 경제위기가 국내로 전염될 가능성을 차단하는 것이 바람직하다. 중국만 마냥 바라보고 있을 게 아니라 수출 및 투자 시장을 미국과 일본, 유럽, 남미, 동남아 등지로 수출국을 서둘러 다변화해 중국 의존도를 줄여 가야 한다.

중국 경제 의존도를 줄여야 하는 이유는 분명하다. 중국은 한국의 제1 수출국임에도 우리 국내 성장에는 그다지 이바지하지 못하는 실정이다. 수출 품목 대부분이 반도체나 휴대전화처럼 고용 창출 효과가 작은 것들이다. 전염병이나 다른 천재지변을 대비해서 뿐만이 아니라 중국은 외교·안보 문제에도 경제적 영향력을 무기로 사용하는 데 거리낌이 없는 나라다. 2017년 사드 사태가 이를 분명히 보여준다.

의존도가 더욱 심화하기 전에 선제적으로 대응해야 하는 데도 한국 기업들은 사드 보복을 겪고도 중국 의존도를 줄이기는커녕 오히려 높여 왔다. 현대·기아차의 경우 중국 현지 생산체계를 구축하면서 부품업체들에 동반 진출까지 요구했다. 중국이 세계 경제에서 차지하는 비중을 고려할 때 중국과의 긴밀한 연계는 불가피한 측면이 있다. 하지만 지난해 한국의 소재부품 수입액 중 중국산 제품이 30%에 이르는 등 중국 쏠림은 지나친 감이 있다.

우리 정부는 2019년, 국내 산업에 필수적인 부품 수출을 제한하겠다는 일본 정부의 조치를 계기로 100대 핵심 부품을 15년 내에 '탈脫 일본' 하겠다는 계획을 세워 추진하고 있다. 이 같은 조치가 중국에 대해서도 같은 방식으로 이뤄져야 한다. 도요타 등 일본 기업들은 중국과 2010년 센카쿠열도(중국명 釣魚島) 영유권 분쟁을 겪은 이후 생산시설의 리쇼어링Reshoring(해외 진출 기업의 본국 회귀)과 동남아 등지로의 공급처 다변화로 큰 피해를 보지 않고 있다. 미국 기업들도 2018년 미·중 무역 갈등이 격화된 이후 공급망의 중국 의존도를 크게 줄이고 있다.

우리 제조업의 중국행 러시도 더 이상 방치해서는 안 된다. 노동 집약 업종이야 어쩔 수 없겠지만 소재·부품산업까지 떠나 공동화가 이뤄진다면 중간재 산업을 통째로 넘겨주는 결과를 빚게 된다. 내부적으로 산업구조 개혁과 경제 체질 개선을 통해 국제경쟁력을 강화해야 함은 두말할 나위가 없다. 신산업 개발 또한 시급한 과제다. 중국의 영향권에서 벗어나려면 기술격차를 벌려 고부가가치 상품시장을 선점하는 길밖에 없다. 이와 함께 대중국 수출 감소로 입은 '외상外傷'을 완화하기 위해 적극적으로 내수 경기 부양에도 총력을 기울여야 할 것이다.

중국이 파산하는 날

초판 1쇄 발행 · 2020년 11월 30일

지은이 · 김규환
펴낸이 · 김동하

책임편집 · 김원희
기획편집 · 양현경
온라인마케팅 · 이인애

펴낸곳 · 책들의정원
출판신고 · 2015년 1월 14일 제2016-000120호
주소 · (03955) 서울시 마포구 방울내로9안길 32, 2층(망원동)
문의 · (070) 7853-8600
팩스 · (02) 6020-8601
이메일 · books-garden1@naver.com
포스트 · post.naver.com/books-garden1

ISBN 979-11-6416-072-3 (03320)

· 이 도서의 국립중앙도서관 출판예정도서목록(CIP)은 서지정보유통지원시스템 홈페이지(http://seoji.nl.go.kr)와 국가자료공동목록시스템(http://www.nl.go.kr/kolisnet)에서 이용하실 수 있습니다.(CIP제어번호: CIP2020048765)
· 이 도서는 한국출판문화산업진흥원의 '2020년 출판콘텐츠 창작 지원 사업'의 일환으로 국민체육진흥기금을 지원받아 제작되었습니다.